Rowohlt Verlag GmbH, Kirchenallee 19, 20099 Hamburg

Kontaktadresse nach EU-Produktsicherheitsverordnung:
produktsicherheit@rowohlt.de

Zu diesem Buch Diese einmalige Zusammenfassung des heute erforschten Wissens über das Jenseits berichtet konkret, was mit uns beim Sterben geschieht und wie das Weiterleben nach dem Tod beschaffen ist. Neueste Erkenntnisse der Sterbeforschung über die geistige Welt werden dabei durch die moderne Rückführungstherapie bestätigt.

Ein Buch, das Trost und Hoffnung spendet und die Angst vor dem Sterben nimmt.

Bernard Jakoby, M. A., 1957 in Cloppenburg geboren, arbeitet seit 15 Jahren als Dozent für Sterbeforschung und als Sterbebegleiter. Er lebt heute in Berlin. Er leitet Seminare und Gruppen über den angstfreien Umgang mit dem Sterben und mit Todesnäheerlebnissen und ist Experte in Beratungen auf diesem Gebiet. Bei Rowohlt als Taschenbuch bereits erschienen: «Auch du lebst ewig. Die Ergebnisse der modernen Sterbeforschung» (rororo 61597 5).

Bernard Jakoby

Das Leben danach

Was mit uns geschieht, wenn wir sterben

Rowohlt Taschenbuch Verlag

14. Auflage September 2023

Veröffentlicht im Rowohlt Taschenbuch Verlag, Reinbek bei Hamburg, August 2004 – – Umschlaggestaltung: ZERO Werbeagentur, München (Foto: Mauritius / Superstock) – Satz Thesis PostScript bei KCS GmbH, Buchholz / Hamburg – Druck und Bindung BoD – Books on Demand GmbH, Bad Hersfeld – ISBN 978-3-499-61598-6

Inhalt

Vorwort

Am 10. April 2001 beschloss das niederländische Parlament als erstes Land in Europa ein Euthanasiegesetz. Dieses erlaubt Ärzten, unheilbar Kranke und Sterbende auf deren Verlangen hin zu töten. Schon werden in Deutschland Stimmen laut, die aktive Sterbehilfe auch bei uns zu erlauben. Gerne werden dazu Umfragen in der deutschen Bevölkerung zitiert, wonach über 60 Prozent aller Deutschen sich für aktive Sterbehilfe aussprechen.

Auf dem Hintergrund dieser an Schärfe zunehmenden Debatte sind die Ergebnisse der Sterbeforschung besonders in Hinsicht darauf, was mit uns geschieht, wenn wir sterben, für jeden Menschen wichtig. Im Zusammenhang mit aktiver Sterbehilfe wird gerne mit der Sinnlosigkeit des Leidens argumentiert.

Es gibt aber nur wenige Grundgesetze, nach denen wir uns im Leben ausrichten können. Das oberste davon lautet: Du sollst nicht töten!

Die Alternative zur Euthanasie kann nur im Ausbau von Palliativstationen und Hospizeinrichtungen liegen. Wir bedürfen dringend einer neuen Sterbe- und Trauerkultur, die respektvoll und lindernd mit Sterbenden umgeht. Wenn wir Sterbende töten, bringen wir sie um die letzte Wachstumsphase ihres Lebens und, schlimmer noch, wir leugnen den tieferen Sinn von Leben und Tod. Das menschliche Leben umfasst mehr als ein kurzes Erscheinen auf dieser Erde, um dann im Nichts zu versinken. Das Leben ist in Wahrheit unvergänglich und jeder von uns ist in ein höheres Sein eingebunden, um einen ganz bestimmten Zweck zu erfüllen.

Viele Menschen fragen sich, was nach dem Tod mit ihnen geschieht: Haben wir eine Seele, die aus der geistigen Welt stammt und in diese immer wieder zurückkehrt? Gibt es die Wiedergeburt und ein Leben nach dem Tod in einer jenseitigen Welt, oder ist dies ein Wunschdenken, das mit unserer Angst vor dem Tod zu tun hat?

Was aber *ist* der Sinn unseres Lebens? Was geschieht mit uns nach dem endgültigen Übergang? Wie ist unsere Weiterexistenz im Jenseits beschaffen und wie sieht es dort aus? Gibt es einen Gott oder eine Urkraft, die hinter allem Geschehen aufscheint? Das sind Fragen, die so alt sind wie die Menschheit selbst.

Obwohl wir heute zahlreiche faktische Hinweise über ein Leben nach dem Tod vorliegen haben – wie den sprunghaften Anstieg weltweiter Nahtoderfahrungen oder die Tatsache, dass Millionen bei Rückführungen oder spontanen Erinnerungen mit früheren Leben konfrontiert werden, und zahllose spontane Kontakte mit Verstorbenen –, ist vielen Menschen ein Zugang über ein Weiterleben nach dem Tod nicht fassbar.

Ein Hauptkennzeichen unserer Zeit ist eine kühle, skeptisch-wissenschaftliche Vernunft, die nur das in der Wahrnehmung zulässt, was unmittelbar durch die Sinne erfahrbar ist. Da die unsichtbare geistige Welt sich einem direkten Zugang verschließt, werden viele Erlebnisse, die auf das Vorhandensein einer anderen Dimension des Seins hinweisen, als Phantasieprodukt abgetan.

Die Sterbeforschung der letzten dreißig Jahre hat so reichliches Beweismaterial zutage gefördert, dass wir heute mehr als jemals zuvor in der menschlichen Geschichte darüber wissen, was bei unserem Tod mit uns geschieht. Das betrifft vor allem den Übergang in die geistige Welt.

Was aber geschieht mit uns, wenn unser Leben auf der Erde endgültig vorüber ist? Gibt es Hinweise, die uns nicht nur die Existenz eines nebulösen Jenseits nahe legen, sondern auch konkrete Einblicke in die Beschaffenheit der geistigen Welt ermöglichen? Gibt es so etwas wie einen zugrunde liegenden Plan des Universums mit für alle geltenden geistigen Gesetzen?

Was ist der Sinn des Geschehens und wer sind wir? Woher kommen wir, was ist unser Ursprung und was ist der Sinn der Entwicklung unserer Seele?

In diesem Buch möchte ich das heute vorliegende Wissen

über das Jenseits und den Sinn und Zweck unseres Lebens vorstellen.

Immer schon gab es Menschen, die Einsichten in die Struktur der geistigen Welt hatten und hinter den Schleier des Grobstofflichen blicken konnten. Auf diese Weise wurden den Menschen Einblicke in feinstoffliche Parallelwelten vermittelt. Auch die mystischen Reisen der Heiligen in allen großen Religionen sowie die Totenbücher und heiligen Schriften aller Zeiten berichten über das Jenseits. Viele große Dichter und Denker in den Weltliteraturen waren von der Unsterblichkeit des Menschen überzeugt.

Durch den immensen Anstieg von Nahtoderfahrungen weltweit häufen sich heute Berichte von Menschen, deren Erlebnisse von wunderbaren Jenseitswelten bis hin zur direkten Vereinigung mit Gott führen.

Zahllose gechannelte Botschaften geistiger Wesenheiten tragen zu unserem grundsätzlichen Wissen über Gegebenheiten des Jenseits bei.

Durch Medien melden sich Verstorbene zu Wort. Sie legen Wert darauf, Zeugnis von ihrer Weiterexistenz zu geben. Es ist ihnen wichtig, in Verbindung zu ihnen nahe stehenden Menschen treten zu können, sich bemerkbar machen zu können.

Rückführungstherapeuten ist es gelungen, in das Leben nach dem Tod durch das Überbewusstsein bei ihren Klienten vorzudringen und so direkte Einblicke in unterschiedliche Seinsebenen des Jenseits zu bekommen. Ihre Beschreibungen und Erlebnisse aus der geistigen Welt ergänzen in vielfältiger Weise das Wissen um unterschiedliche nachtodliche Zustände, wie es in zahlreichen Schriften im Laufe der Jahrtausende berichtet wird. Aus all diesen unterschiedlichen Quellen lässt sich die Existenz eines ewigen Seins der menschlichen Seele schlussfolgern und wir finden Antworten auf die existenziellen Fragen des Menschseins.

1. Kapitel

Das heutige Wissen über die Nahtoderfahrung

In diesem Kapitel erfahren Sie

- **dass der Tod nur ein Übergang ist in eine andere Form des Seins**
- **was bei einer Nahtoderfahrung erlebt wird**
- **wie eine Nahtoderfahrung die Betroffenen verändert**
- **was Nahtoderfahrungen für unser Leben bedeuten**
- **wie wir Nahtoderfahrungen praktisch für unser Leben nutzen können**

Die Erforschung des Todes

Es hat zu allen Zeiten der Geschichte Menschen gegeben, die einen Einblick in andere Welten und Realitäten erhalten haben. Das Vorhandensein bewusstseinserweiternder Erfahrungen, mystischer oder transzendenter Erlebnisse wie auch Todesnäheerlebnisse sind im Schrifttum aus allen Epochen der menschlichen Geschichte überliefert. Jeder Kulturkreis hat versucht, eine Antwort auf die Frage zu finden: «Was geschieht, wenn wir sterben?»

Auch heute ist das nicht anders. Viele Menschen ahnen, dass unser Leben mehr ist, als was dem Alltagsbewusstsein zugänglich ist. Das Bedürfnis nach Sinndeutung gehört zum Wesenskern des Menschen. Wissenschaftler aller Disziplinen haben im vergangenen Vierteljahrhundert systematisch die Nahtoderfahrung (NTE) erforscht und es entstand daraus die «Thanatologie», die Sterbeforschung. Diese Untersuchungen und Erkenntnisse sind sehr umfassend. So wurden spezifisch NTEs bei Blinden untersucht.[1] Es gibt Studien, die sich mit NTEs bei Kindern befassen.[2] Darüber hinaus wurden die Persönlichkeitsveränderungen und Langzeitauswirkungen von NTEs erforscht.[3]

In den letzten Jahren befasste man sich auch eingehender mit den «Höllenerfahrungen», die früher gerne unterschlagen wurden.[4]

Dennoch wird die Nahtodforschung von weiten Teilen der Ärzteschaft nicht ernst genommen. Eine nähere Beschäftigung damit würde erhebliche Konsequenzen im Umgang mit Sterbenden und Reanimierten nach sich ziehen: Der Arzt wüsste dann, dass sein Handeln vom Betroffenen wahrgenommen wird.

In wissenschaftlichen Kreisen werden Nahtoderfahrungen immer noch gerne als rein physiologisches Phänomen abgetan mit dem stetigen Hinweis auf Sauerstoffmangel im Gehirn und mit Endorphinen, die angeblich ein Glücksgefühl auslösen und Halluzinationen. Britische Wissenschaftler fanden indes Ende 2000 bei einer Studie mit Menschen, die ein Todesnäheerlebnis hatten, heraus, dass bei den meisten Menschen mit NTE entweder normaler oder *erhöhter* Sauerstoffgehalt im Blut nachgewiesen wurde, keineswegs aber ein Mangel. Reiner Sauerstoffmangel bewirkt indes einen Verlust der Urteilsfähigkeit, Wahrnehmungsstörungen, Bewusstlosigkeit, Konfusion und Angstzustände.[5]

Es kann heute nur noch darum gehen, das vorhandene Wissen über Todesnäheerlebnisse in seiner praktischen Bedeutung für die Menschen umzusetzen. Wenn wir uns frühzeitig mit dem Tod beschäftigen, verlieren wir die Angst davor und gewinnen immens an Lebensfreude und Lebensmut.

Die Schweizer Ärztin Elisabeth Kübler-Ross gab Ende der sechziger Jahre die entscheidenden Impulse für die Sterbeforschung. Sie machte das Tabu-Thema Tod öffentlich. Durch ihr Fünf-Phasen-Modell (Nichtwahrhabenwollen, Zorn und Wut, Verhandeln, Depression und schließlich Annahme) hat sie eine Einordnung der Phasen des Sterbeprozesses überhaupt erst möglich gemacht. Durch diese Erfahrungsmuster bekommen wir eine Ahnung vom inneren Erleben eines Sterbenden. Es ist Elisabeth

Kübler-Ross zu verdanken, dass wir heute wählen können, wo wir sterben wollen: ob zu Hause, im Krankenhaus oder im Hospiz.

Später vertrat sie die Überzeugung, dass der Tod nur ein Übergang in eine andere Form des Seins ist, was ihr herbe Kritik seitens der Wissenschaft einbrachte. Sie unterstützte den jungen Raymond Moody, der 1977 die Nahtoderfahrung erstmalig der breiten Öffentlichkeit zugänglich machte.

Nahtoderfahrungen sind heute ein Massenphänomen. Weltweit kann von 50 Millionen Menschen ausgegangen werden, die eine Todesnäheerfahrung gemacht haben. Eine Langzeitstudie der Universität Konstanz (September 1999) belegt für Deutschland einen Anteil von 3,3 Millionen Menschen mit NTE.[6]

Praktisch vermitteln die NTEs den Lebenden grundlegende Einsichten über das innere Erleben von Sterbenden. Wenn wir selber irgendwann einen schmerzlichen Verlust entgegennehmen müssen oder dem Tod ins Auge blicken, kann das Wissen über die Nahtoderfahrungen sehr nützlich sein. Das Wissen, dass wir mehr sind als unser Körper, tröstet.

Indem wir über die Dinge nachdenken, *bevor* wir mit Tod und Trauer konfrontiert sind, und uns dazu einen Standpunkt bilden, können wir uns darauf vorbereiten, und nicht erst, wenn vielleicht aufgrund der Umstände alles zu spät ist. Das lässt uns auch das Leben wesentlich leichter nehmen, zumal die Angst vor dem Tod sich reduziert oder verloren geht.

Erfahrungsmuster der NTE

Der Familienvater Stefan Birke, 42 Jahre alt, ist auf dem Weg zur Arbeit. Er erleidet einen schweren Verkehrsunfall mit lebensgefährlichen Verletzungen. Während Notärzte und das Rettungsteam an der Unfallstelle um sein Leben kämpfen, spürt Stefan, dass er aus seinem Körper herausgezogen wird. Er nimmt alles wahr, was an der Unfallstelle geschieht, und erkennt, dass er gestorben ist. Er muss an seine Frau denken. Plötzlich befindet er sich in ihrer Gegenwart und schaut ihr beim Abräumen des Frühstückstischs zu. Er versucht mit ihr zu sprechen, aber sie bemerkt ihn nicht. Er schwebt davon, ist wieder an der Unfallstelle. Sie transportieren gerade seinen Körper in den Krankenwagen. Da ist plötzlich ein Tunnel über ihm, der ihn magisch anzieht. Er gleitet hinein mit unbeschwerter Leichtigkeit und bemerkt am Ende des Tunnels ein Licht auf ihn zukommen. Nun überstürzen sich die Ereignisse. Er spürt eine nie gekannte Liebe und fühlt sich mit allem Wissen verbunden. Jede Frage, die er denkt, wird sofort beantwortet. In Sekundenbruchteilen taucht sein ganzes Leben wie ein Film vor ihm auf. Das Lichtwesen bedeutet ihm, dass seine Zeit noch nicht gekommen ist, und widerwillig kehrt Stefan in seinen Körper zurück.

Solche und ähnliche Ereignisse tragen sich jeden Tag irgendwo in Deutschland oder auf der Welt zu. Sie sind unter dem Begriff «Nahtoderfahrung» bekannt. Diese Menschen sind für wenige Sekunden bis hin zu maximal fünf Minuten klinisch tot gewesen und dann ins Leben zurückgekehrt.

Die wesentlichen Merkmale einer Nahtoderfahrung sind:

1. *Das Gefühl, tot zu sein.*

2. *Frieden und Schmerzfreiheit.* Alle körperlichen Beschwerden und Schmerzen sind verschwunden. Die Betroffenen spüren einen tiefen Frieden. Behinderte und Rollstuhlfahrer erleben sich als heil und ganz. Blinde können sehen.

Andrea berichtet: «Ich habe jetzt keine Angst mehr vor dem Tod. Ich kann Ihnen aus persönlicher Erfahrung versichern, dass der Schmerz endet, auch wenn er noch so schlimm wird, und Sie finden sich außerhalb Ihres Körpers wieder in einer anderen Dimension, noch sehr lebendig, aber ohne jeden Schmerz.»[7]

Ein anderer Mann sagt: «... als Ergebnis dieser Erfahrung wusste ich, dass das, was normalerweise als Tod bezeichnet wird, nur von den Überlebenden erfahren wird ... Es gibt an und für sich keinen Tod. In unserer dreidimensionalen Raum-Zeit-Sicht der

Dinge ist der Tod einfach nur ein biologisches Ereignis, das nichts mit dem Bewusstsein zu tun hat; dieses existiert sowohl vor dem, was wir Geburt nennen, als auch nach dem Tod.»[8]

3. Die außerkörperliche Erfahrung. Die AKE gehört zu den wesentlichsten und am meisten verifizierten Merkmalen der NTE. Die Beobachtung der Betroffenen, ob es um einen Schuh auf dem Krankenhausdach geht, die exakte Beschreibung einer Operation oder Wiederbelebungsmaßnahmen, die Beschreibung, was Anwesende am Unfallort gesagt haben, bis zur Feststellung, sich Tausende von Kilometern vom Ort des eigentlichen Geschehens zu befinden und nahe Angehörige zu sehen, all diese Beschreibungen und Erlebnisse sind von emsigen Forschern eingehend untersucht und belegt worden.

Seminarteilnehmer berichteten mir: «Ich sah einen Lichtblitz und schwebte auf einmal über meinem Körper. Ich konnte sehen, wie die Ärzte versuchten, mich wieder zu beleben. Da war auch eine Schwester, die sich über mich beugte. Als Nächstes spürte ich, wie ich in einen dunklen Tunnel gezogen wurde.»

Während eines Herzstillstands nach einer Operation tritt eine Frau aus ihrem Körper aus: «Von da an stieg ich ganz langsam in die Höhe ... Während des Emporsteigens sah ich immer mehr Schwestern ins Zimmer kommen. Sie riefen einen Arzt ... Ich wurde immer weiter hinaufgetrieben, an der Lampe vorbei, bis ich unter der Decke stehen blieb. Dort oben schwebend, blickte ich hinunter und sah den Ärzten bei der Wiederbelebung zu.»

Die Betroffenen können wie von einem Aussichtspunkt auf ihren Körper herabblicken. Sie sehen Dinge, die sie nicht wissen können, da sie sich ja eigentlich die ganze Zeit über bewusstlos in ihrem Bett oder an einer Unfallstelle befanden. Der Patient nimmt sich als unbeteiligter Zuschauer wahr und versucht nicht selten, durch die Umstehenden durchzugreifen und sich bemerkbar zu machen. Seine Wahrnehmung erweitert sich dergestalt, dass sie die weitere Umgebung einschließt, umliegende Räume erfasst, bis hin zu einem mystischen Einheitsgefühl, das an den Ursprung allen Seins führt.

Die außerkörperliche Erfahrung ist als unermessliche Ausdehnung des Bewusstseins zu verstehen. Sie umfasst die Erkenntnis, tot zu sein, wobei gleichzeitig eine erhöhte Klarheit und Wachheit des Bewusstseins vorliegt.

4. Das Tunnelerlebnis. Dieser Aspekt ist der bekannteste der Todesnäheerfahrung. Es ist der Übergang in ein völlig andersartiges Wirklichkeitserleben, das sich nun vom physischen Raum gänzlich ablöst.

«Ich hatte einen Atemstillstand. Zuerst ging alles so schnell. Ich flog oder schwebte mit einer sehr hohen Geschwindigkeit durch ein finsteres, schwarzes Vakuum, das mit einem Tunnel verglichen werden kann.»

«In meiner Umgebung im Krankenhaus begannen die Dinge in immer weitere Ferne zu rücken. Während sie zurückwichen, trat ich mit dem Kopf voran in einen total dunklen Durchgang ein, in den ich offenbar haargenau hineinpasste.»[9]

Dieser Übergang erfolgt in Form einer schwer beschreibbaren räumlich-dynamischen Empfindung, als Gezogen- oder Gepresstwerden oder Fallen durch einen dunklen Tunnel. Es werden auch andere Symbole des Übergangs genannt: Straßen, Bergpässe, Brücken oder Flure. Mitunter wird der Übergang als Dunkelheit oder Leere empfunden, wobei am Ende der Brücke ins Jenseits ein Licht aufscheint.

5. Das Lichterlebnis. Das Licht am Ende des Tunnels wird als bedingungslose Liebe, als Christus, Buddha, Gott oder Ähnliches beschrieben. Die Begegnung mit dem Licht wird als das entscheidende Element der NTE angesehen, welches einen Menschen für immer verwandelt. Es ist außerkörperlichen Ursprungs und ermöglicht ein spirituelles Erwachen der Betreffenden.

Hier nun einige ausgewählte Beispiele aus der reichhaltigen Literatur: «Es war wie ein totales Eintauchen in Licht, Helligkeit,

Wärme, Frieden, Sicherheit. Außerhalb meines Körpers spürte ich überhaupt nichts. Ich sah weder meinen Körper noch sonst jemanden. Ich kam einfach nur plötzlich in dieses wunderbare helle Licht. Es ist schwierig zu beschreiben, eigentlich ist es unmöglich, es zu beschreiben. Nicht mit Worten. Es ist, als wäre man eins mit diesem Licht. Ich könnte sagen: ‹Ich *war* Frieden, ich *war* Liebe. Ich *war* die Helligkeit, sie war ein Teil von mir ...› Man weiß es einfach. Man ist allwissend – und alles ist ein Teil von einem selbst – es ist – es ist so wunderbar. Wie die Ewigkeit. Als wäre ich schon immer dort gewesen, als würde ich immer dort sein, und als wäre mein Dasein auf der Erde nur ein kurzer Augenblick gewesen.»[10]

6. Wahrnehmung von Lichtgestalten. Einige treffen schon direkt nach dem Übergang in die geistige Welt verstorbene Verwandte und Freunde. Andere haben ein Gegenwartsempfinden im Tunnel oder sehen andere Lichtwesen und Engel. Häufig werden Betroffene von verstorbenen Angehörigen zurückgehalten, zu weit ins Licht zu gehen, oder zurückgeschickt, weil ihre Zeit noch nicht gekommen ist:

«... Und da bemerkte ich auf einmal auch die ganzen Menschen, die da in hellen Scharen, wie mir schien, überall an der Zimmerdecke entlangschwebten. Es waren alles Leute, die ich in meinem früheren Leben gekannt hatte, die aber schon vor mir gestorben waren. Ich erblickte meine Großmutter und ein Mädchen, das ich aus meiner Schulzeit kannte, und viele andere Verwandte und Freunde. Ich sah wohl hauptsächlich ihre Gesichter und spürte ihre Gegenwart. Sie machten alle einen fröhlichen Eindruck. Es war ein freudiges Zusammentreffen und ich hatte das Gefühl, dass sie gekommen seien, um mich zu schützen und zu führen.»[11]

7. Die Lebensrückschau. Der Lebensfilm hat zwei Komponenten: Er kann neutral gesehen bzw. beobachtet werden als szenischer Ablauf von Bildern, der das Leben in seinen positiven und negativen Aspekten rückläufig erfasst. Die Bilder sind meist farbig und laufen unkontrollierbar und schnell.

Das Lebenspanorama umfasst die Zeit von der Gegenwart bis zur Geburt, wobei die Bilder nachweislich richtige fotografische Erinnerungen beinhalten. So kann der Betreffende mitunter Ereignisse aus seinem Leben als Säugling sehen, die er längst vergessen hat bzw. gar nicht wissen kann und die dann im Nachhinein von nahe stehenden Verwandten bestätigt werden.

Die zweite Form ist die Lebensrevision. Dabei ist nicht nur ein Film zu sehen, sondern es wird auch eine Bewertung vorgenommen. Der Betreffende sieht sein Leben und entscheidet, ob er gut oder schlecht gehandelt hat. Er erkennt die Bedeutung seiner Gedanken, Worte und Taten, da er nun mit den Auswirkungen konfrontiert wird:

«Dieses Lichtwesen umfing mich und führte mir mein Leben vor Augen. Alles, was du tust, musst du bewerten. So unangenehm es auch ist, sich manches daraus anzuschauen, so ist es doch ein gutes Gefühl, mal alles loszuwerden. Ich erinnere mich an einen speziellen Vorfall in dieser Rückschau, nämlich, dass ich als Kind meiner kleinen Schwester das Osterkörbchen wegriss, weil ein Spielzeug drinlag, das ich selber wollte. Doch im Rückblick empfand ich ihr Gefühl der Enttäuschung und des Verlusts und der Ablehnung. Ich steckte jetzt in der Haut all derjenigen, denen ich wehgetan hatte, und derjenigen, denen ich zu einem guten Gefühl verholfen hatte.»[12]

8. Die widerwillige Rückkehr. Nach der emotionalen Ekstase der Lichterfahrung kehren viele nur ungern in die diesseitige irdische Welt zurück. Es scheint eine Grenze zu geben, die nicht überschritten werden darf. Wir können offensichtlich nicht frei entscheiden, dort zu bleiben, da die in ihren Körper Zurückgekehrten noch eine Aufgabe zu erfüllen haben.

Eine junge Frau, die schon mit 16 Jahren eine NTE hatte, wollte aufgrund ständiger Schmerzen nicht zurückkehren: «Dieser Meinung war das Wesen aber nicht. ‹Du hast noch nicht viel gemacht›, meinte es geduldig. Sofort kam in mir das Gefühl auf, dass ich noch eine Mission zu erfüllen hätte ... Und eh ich mich versah, war ich wieder im Körper mit all den Schmerzen. In so einem Körper drin empfand ich mich als ganz schwer und eingeengt.»[13]

9. Die Persönlichkeitsveränderung. Die meisten Menschen, die jemals eine Nahtoderfahrung gemacht haben, verändern sich grundlegend in ihren Einstellungen und Ansichten über das Leben. Sie haben keine Angst mehr vor dem Tod und stattdessen mehr Freude am Leben. Anscheinend werden einige Menschen durch eine Nahtoderfahrung elektromagnetisch neu vernetzt, was auch eine Erklärung dafür sein kann, dass einige keine Uhren mehr tragen können, weil die Zeiger stehen bleiben, oder sie verfügen sogar über eine höhere Intelligenz durch den intensiven Kontakt mit allem Wissen. Manche berichten davon, dass Glühbirnen in ihrer Gegenwart zerspringen und elektrische Geräte verrückt spielen, weil diese den enormen Energiezuwachs nicht aushalten, den sie ausstrahlen. Sie begreifen, dass es keinen Zufall gibt im Leben, und empfinden das als Ausdruck eines geistigen Getragenseins. Bei manchen Betroffenen fand eine Wandlung zu paranormalen Fähigkeiten statt, wie Hellsichtigkeit, Zukünftiges im Traum sehen oder Ereignisse durch innere Eingebung vorherwissen.

Durch die Fülle der Einsichten erfolgt eine totale Neuorientierung: Die Menschen mit einer solchen Erfahrung erkennen die Möglichkeit der freien Wahl, die wir in jedem Augenblick unseres Lebens haben. Jede Entscheidung hat Konsequenzen und führt zu neuen Ufern. Das Vertrauen ins Leben resultiert aus dem Vertrauen in die Geborgenheit der Urkraft, die wir Gott nennen. Diese Menschen haben das Vorhandensein Gottes am eigenen Leib erfahren und entwickeln Vertrauen in das Vorhandensein von Sinn, welches die letzte Ursache der heilenden Wirkung einer Nahtoderfahrung ist. Jede seriöse Psychotherapie würde Jahre brauchen, um an diesen Punkt zu gelangen. Eine Nahtoderfahrung dagegen dauert in der Regel zwischen Sekundenbruchteilen und wenigen Minuten.

Die Bedeutung der NTE für unser Leben

Die zahlreichen Nahtoderfahrungen des vergangenen Vierteljahrhunderts und ihr gemeinsames Zeugnis eines Lichtwesens vermitteln eine neue Sichtweise des Todes. Der Tod wird mit neuen Augen gesehen und wir können lernen, ihm mit Hoffnung zu begegnen statt voller Furcht und Angst.

Nahtoderfahrene haben das Angesicht des Todes aus nächster Nähe gesehen. Sie haben eine innere Perspektive des Sterbens erfahren, in der sich alle Furcht auflöst. Das steht im Gegensatz zur äußeren Sichtweise des Todes als Schreckgespenst schlechthin. Die Betroffenen erfahren eine vollkommene, bedingungslose Liebe. Das liebevolle Licht am Ende des Tunnels durchdringt ihre Psyche und ist auch für jeden anderen wegweisend, seine Sicht des Todes für immer zu verändern, unabhängig davon, ob er eine solche Erfahrung selbst erlebt hat oder nicht.

Praktisch können die NTEs den Lebenden grundlegende Einsichten über die Sterbenden vermitteln. Wenn wir selber irgendwann einen schmerzlichen Verlust hinnehmen müssen oder selbst dem Tod ins Auge blicken, kann das Wissen über die Nahtoderfahrungen sehr tröstlich sein, weil es aufzeigt, dass wir mehr sind als unser Körper. Indem wir über die Dinge nachdenken, *bevor* wir mit Tod und Trauer konfrontiert sind, und uns dazu einen Standpunkt bilden, können wir uns darauf vorbereiten und nicht erst, wenn vielleicht aufgrund der Umstände alles zu spät ist. Das lässt uns auch das Leben wesentlich leichter nehmen, zumal die Angst vor dem Tod sich reduziert oder ganz verloren geht.

Die inspirierende und belebende Kraft des Einsatzes von NTE-Berichten bei Schwerkranken, schmerzgebeugten Menschen und Sterbenden verschafft innere Ruhe und neuen Lebenssinn.

Im Angesicht des Todes können NTE-Erzählungen Hoffnung

und Trost vermitteln. Deswegen sollten diese Berichte vordringlich Menschen zugänglich gemacht werden, die im Gesundheitswesen arbeiten. Durch NTEs wird die Botschaft verstärkt, dass es keinen Tod gibt und wir nicht unser Körper sind. Sie sind ein heilsamer Gegenpol gegen die allseits um sich greifende Todesangst.

Speziell hat das vorliegende Material vielen Aids-Patienten geholfen, mit ihrer Situation ins Reine zu kommen. Auch Patienten in Sterbehospizen kann mit Nahtoderlebnissen geholfen werden. Deshalb ist es wirklich notwendig, dass Ehrenamtliche, Seelsorger, Pflegepersonal, Ärzte und auch Verwaltungsangestellte in Krankenhäusern darüber Bescheid wissen.

Die große Häufigkeit solcher Erfahrungen bei sterbenden Patienten führte in den neunziger Jahren dazu, dass ein praktisches Wissen über NTEs in die Arbeit und in den methodischen Ansatz von Sterbekliniken und darüber hinaus in andere bedeutende medizinische Institutionen eingeflossen ist, zumindest in den USA.[14]

Es ist an der Zeit, dieses praktische Wissen, das unheilbar Kranken neue Hoffnung geben kann, auch in Deutschland einer breiten Öffentlichkeit bekannt zu machen.

Eine andere Zielgruppe dieses Wissens sind die vielen alten Menschen in unserer Gesellschaft, vor allem diejenigen, welche dem Tod nicht unmittelbar ins Auge sehen. Viele von ihnen sind sich aber bewusst, dass der Tod nicht allzu fern ist. Seminare zum Thema NTE in amerikanischen Seniorenheimen ergaben folgende Resultate:

1. **Ein Nachlassen der Angst vor dem Tod.**
2. **Eine Zunahme des Glaubens, dass der Augenblick des Todes friedfertig sein wird.**
3. **Eine Zunahme des Glaubens an ein Leben nach dem Tod wie auch des Glaubens, mit verstorbenen Angehörigen wieder vereint zu sein.**
4. **Das alles impliziert einen zunehmenden Glauben an**

GOTT. Dadurch verlieren sich erhebliche Ängste, dass ein Leben nach dem Tod unangenehm sein könnte.[15]

Es ist überaus wichtig anzuregen, dass derartige Programme auch in Deutschland entstehen.

Das NTE-Material wurde auch schon zur Verhinderung von Selbstmorden eingesetzt und findet Eingang in die Psychotherapie suizidgefährdeter Menschen.

Der New Yorker Psychologe John McDonagh berichtet, dass der Einsatz von NTE insofern erfolgreich war, dass Gedanken an Suizid reduziert werden konnten und die Ausführung vermieden werden kann. Der Patient begreift die Nutzlosigkeit des Selbstmordes, da er erkennt, dass er sich gar nicht wirklich töten kann. Er erkennt, warum es sinnvoll ist, die Probleme im Hier und Jetzt seines Lebens anzupacken. Viele suizidgefährdete Patienten kommen zu der Einsicht, dass ein Selbstmord eben nicht zur ersehnten Auslöschung des Bewusstseins führt, da es *unmöglich* ist, das Selbst zu töten.

Der Psychiater Bruce Greyson von der University of Virginia kam zu ähnlichen Schlussfolgerungen.[16]

Das NTE-Material hilft uns auch, mit Verlust und daraus resultierendem Leid besser umzugehen. Das innere Wissen von Nahtoderfahrenen ist wichtig, um geliebte Verstorbene loszulassen und gehen zu lassen. Mit dem Wissen, dass es den Tod nicht gibt, kann man auch anderen leichter über den Kummer hinweghelfen. Insofern wird das heilsame Potenzial der Nahtoderfahrung auch in vielen Trauergruppen tröstend eingesetzt.

Die Nahtoderfahrung kann unser aller Lehrer sein. Sie führt uns zu mehr Demut, Verständnis, Vertrauen, Geduld, Hingabe und Liebe.

Der praktische Nutzen des Wissens über Nahtoderfahrungen für unser eigenes Leben

1. Der Tod ist nichts, wovor wir uns fürchten müssen, da der eigentliche Übergang friedvoll, leicht und schön ist. Der Tod ist nicht das Schlimmste, was einem im Leben widerfahren kann.
2. Das Leben ist ewig – in Wirklichkeit sind wir alle unsterblich. Es gibt einen Ort in der geistigen Welt, von dem wir alle ausnahmslos herkommen und zu dem wir immer wieder zurückkehren – wir müssen uns nur wieder erinnern.
3. Das Wichtigste im Leben ist die Liebe. Die Lichterfahrung wird immer mit bedingungsloser, nie gekannter Liebe beschrieben. Die Essenz, der Kern allen Seins, ist Liebe, bleibt Liebe und wird immer Liebe sein. GOTT ist Liebe.
4. Wir sind nicht unser Körper: Diese wichtige Erkenntnis hilft uns, die Angst vor dem Leben und vor dem Tod loszulassen. Der Mensch verfügt über eine unsterbliche Seele, die Träger eines eigenständigen Geistes ist. Dieser Geist, ausgestattet mit einem Bewusstsein seiner selbst, existiert unabhängig von unserem Körper.
5. Der Mensch hat einen freien Willen. Selbst nach dem Tod kann er interaktiv sein Leben kraft seiner Gedanken weiter bestimmen: Was wir erleben, entspricht unserem Bewusstseinszustand im Augenblick des Überganges. Ob wir «Himmel» oder «Hölle» erleben, entspricht den eigenen Gedanken und dem freien Willen.
6. Für alles, was uns im Leben widerfährt, gibt es einen Grund. Nichts ist sinnlos, nichts geht verloren. Es gibt keinen Zufall. Das kann zu außerordentlicher Gelassenheit führen, weil wir dadurch lernen können, die Dinge zu nehmen, wie sie sind, statt sie immer weiter zu beurteilen,

was fast immer zu Angst, Zorn, Wut, Aggression, Schmerz etc. führt. Die Herausforderungen des Lebens sind Lektionen, an denen wir seelisch und geistig wachsen können. Das ist der alleinige Grund unserer Existenz hier auf Erden.

7. Sich selbst und anderen Menschen verständnisvolle Liebe zu geben ist das größte Geschenk, da wir von anderen nie wirklich getrennt sind. Es gibt ein großes Ganzes, zu dem wir alle ausnahmslos gehören.

8. Aus den Nahtoderfahrungen können wir die Aufforderung an uns alle erkennen, bewusst den Augenblick zu leben. Nicht die Vergangenheit oder eine nebulöse Zukunft bestimmen unser Leben, sondern ausschließlich der ewige Augenblick des Lebens, das Jetzt.

9. Wenn wir für das Leben offen sind, wie es gerade kommt, und uns nicht nach den Gedanken und Erwartungen anderer richten, leben wir intensiver. Wir sollten versuchen herauszufinden, was unsere eigentliche Bestimmung ist – und diese dann leben.

10. Die Begegnung mit der bedingungslosen Liebe verweist in unserer Wirklichkeit darauf, dass Liebe allzu häufig an Bedingungen geknüpft ist (wenn ... dann ...). Wenn wir Kinder haben, ist es das Wichtigste, was sie für ihr Leben lernen können, dass sie um ihrer selbst willen geliebt werden, nicht aber, weil sie Bedingungen erfüllen.

11. Geld und materieller Besitz sind niemals ausschlaggebend; was zählt, ist, für andere da zu sein und ihnen zu helfen. Es gibt keine materielle Sicherheit, die uns vor irgendetwas bewahren kann – wir alle sind Teil eines göttlichen Plans und jeder ist auf seinem eigenen geistigen Weg. Das sind ganz unterschiedliche Dinge für jeden von uns. Jeder muss auf seine eigene Weise die unterschiedlichsten Lektionen lernen und Erfahrungen sammeln dürfen.

12. Der Übergang, den wir «Tod» nennen, ist eigentlich das Wiedererinnern und Wiederfinden des größeren geistigen Sinnzusammenhangs unserer unvergänglichen Existenz.
13. Nahtoderfahrungen beweisen uns in eindrucksvoller Weise, dass es keine Auslöschung unseres Bewusstseins gibt und dass der menschliche Geist nicht an eine materielle Form gebunden ist. Deshalb ist die Lektion des Loslassens so wichtig, weil sich der Fluss alles Lebendigen immer in ständigem Wandel befindet.
14. Wir sollten uns alle klar machen, dass das, was wir GOTT nennen, die Urkraft hinter allem Sein, religionsunabhängig wirklich existiert, weil wir untrennbar mit GOTT verbunden sind.
15. Durch die beseligende Vision des Lichts erkennt das Individuum die Vollkommenheit aller Schöpfung. Jeder ist ein unerlässlicher und integraler Bestandteil des Universums. Alles Wissen offenbart sich und wir erkennen unsere wahre und ewige Heimat.
16. Der Tod ist als eine gewaltige Bewusstseinserweiterung zu verstehen: so immens unvorstellbar, da sie bis an den Kern der Schöpfung führen kann.

2. Kapitel

Was geschieht, wenn wir sterben?

In diesem Kapitel erfahren Sie

- **warum der Mensch nicht sein Körper ist**
- **wie Körper und Seele durch die Silberschnur zusammengehalten werden**
- **wie der Tod körperlich verläuft**
- **was beim Sterben mit der Seele geschieht**
- **was nach dem Tod mit uns geschieht**

Die Existenz der Seele

Die Aussicht auf ein bewusstes Fortleben nach dem Tod berührt unsere innerste Sehnsucht.

Viele Menschen stehen aber den Überlegungen eines Lebens nach dem Tod skeptisch gegenüber, weil sie sich nicht vorstellen können, dass es eine befriedigende Antwort auf diese Frage gibt, nach dem Motto: «Es ist ja noch niemand zurückgekehrt.»

Wir leben in einer Zeit, in der das Vertrauen in Gott längst durch die Wissenschaft ersetzt wurde und nur das Beweis-, Beleg- und Wiederholbare als Wahrheit anerkannt wird. Und doch: Die Ergebnisse der Sterbeforschung der letzten dreißig Jahre haben tiefe Einblicke in den Prozess des Sterbens ermöglicht. Ein überaus wichtiger Aspekt dieses Themas ist die Existenz der Seele, hier als Sammelbegriff für die Innenwelt des Menschen gemeint.

Die Seele steht im engsten Zusammenhang mit unserem Ich-Bewusstsein, dessen Überleben für die Frage eines Lebens nach dem Tod von außerordentlicher Wichtigkeit ist. Das Ich-Bewusstsein des Menschen zeichnet sich aus durch seine Individualität, die mehr ist als ein biochemisches Produkt unseres Gehirns.

Der Mensch ist nicht sein Körper

Um den Tod überhaupt verstehen zu können, stellt sich die Frage: «Was ist der Mensch?»

Der eigentliche Mensch ist nicht sein Körper. Da ist etwas in uns, das fähig ist, sich seiner selbst bewusst zu sein, das über sich selbst nachdenken kann, was den Menschen vom Tier unterscheidet. Das eigentlich Menschliche ist GEIST, der sich durch die Empfindung bemerkbar macht. Leider wird der Geist heute oft mit dem Verstand verwechselt. Der Verstand ist aber nur ein körpergebundenes Werkzeug, das Erfahrungen und Informationen verknüpft. Das wahre Ich des Menschen ist der Geist. Er ist das einzig Lebendige in unserem Erdenkörper.

Träger des Geistes in seiner feinstofflichen Hülle ist die Seele. Die Seele ist also nichts Selbständiges, das neben dem Geist besteht; sie ist der feinstofflich umkleidete Geist.

Das Vorhandensein des feinstofflichen Körpers wird im Neuen Testament durch die Erscheinungen Jesu nach seinem Tod bezeugt. Er trat durch verschlossene Türen in Räume ein und zeigte sich den Jüngern in veränderter leiblicher Gestalt, dem feinstofflichen Körper nämlich. Jesus zeigte der Menschheit dadurch, dass das Leben nach dem Tod weitergeht, nicht erst am Jüngsten Tag, sondern unmittelbar nach dem Erdentod.

Der menschliche Körper besteht aus Elementarteilchen, wobei die kleinsten Bausteine der Natur, die so genannten subatomaren Teilchen, immer unstofflicher werden. Die gesamte irdische Welt formt sich von oben nach unten, sie ist schlechthin das Ergebnis eines fortlaufenden Verdichtungsprozesses. In diesem Sinne besteht der menschliche Körper aus dem grobstofflichen Erdenkörper, der sterblichen Hülle, dem Astralkörper, dessen unmittelbares Vorbild oder Modell der Erdenkörper ist, und schließlich dem Geist in seiner feinstofflichen Hülle, der Seele.

Diese ist durch die Silberschnur mit dem Astralkörper und dadurch mit dem Erdenkörper verbunden.

Die Silberschnur

In der spirituellen Literatur ist häufig von dieser silbernen Schnur die Rede. Schon in der Bibel wird sie erwähnt. Hellsichtige beschreiben sie oft. Auch Astralreisende haben dieses Energieband, das die Seele mit dem Körper verbindet, immer wieder bezeugt. Lotte Ingrisch, die seit über vierzig Jahren außerkörperliche Erlebnisse hatte, berichtete mir in einem Interview von der Silberschnur:

«Die habe ich einmal gesehen, als ich außerhalb des Körpers war. Der ganze Raum war bedeckt mit dieser Silberschnur, es war nicht nur eine Schnur, sondern es war wie ein Labyrinth. Nicht das, was ich erwartet hätte. Sie muss unendlich lang gewesen sein, denn sie war in Schlingen im ganzen Raum.»

Dieser feinstoffliche Nabelstrang mündet wie die grobstoffliche Nabelschnur bei unserer Geburt im Sonnengeflecht. Die Silberschnur ist die Leitung für die Einwirkung des Geistes auf den Erdenkörper. Erst wenn diese Leitung endgültig unterbrochen ist, ist ein Mensch tot. Die unterschiedlichen Körper des Menschen werden durch die Kraft der Strahlung zusammengehalten. Die heutige Physik weiß, dass die Festigkeit der Materie auf Strahlung beruht, welche die Elementarteilchen magnetartig verbindet.

Das alte Sprichwort «Essen hält Leib und Seele zusammen» unterscheidet zwischen Leib und Seele, die nur durch die Zufuhr der stofflichen Nahrung zusammengehalten werden. Ist das nicht der Fall, wird die Strahlkraft des Körpers verringert, das heißt, dass seine Ausstrahlung schwächer wird. Seele und Körper müssen also ihren Teil zu dieser Strahlungsverbindung beitragen.

Beim Sterben löst sich durch eine zu schwach gewordene Körperstrahlung die Verbindung der unterschiedlichen Körperhüllen. Die Seele tritt aus dem Körper aus, mit dem Geist, der in ihr ist. Dieser Loslösungsprozess der Seele vollzieht sich nicht immer einfach. Je mehr ein Mensch an die Materie gebunden ist, umso dichter ist der Verbindungsstrang der Seele mit dem Körper. Die

Einstellung zum Tod kann also mit entscheidend sein, wie leicht oder schwer jemand stirbt.

Solange noch eine Leitung zwischen Geist und Erdenkörper besteht, ist ein Wiedereintritt in den Körper möglich.

Bei Personen, die klinisch tot waren und die Nahtoderfahrungen gemacht haben, war der Verbindungsstrang noch nicht vollständig gelöst.

Ein Arzt berichtete mir von seiner Nahtoderfahrung.

Dabei bemerkte er ... hinter sich eine kleine Schnur, ähnlich einer Spinnwebe, die ihn offenbar noch mit seinem Körper verband.

Werden Menschen durch lautes Wehklagen der Angehörigen beim Sterben zurückgehalten, kann der Vorgang der Loslösung vom Körper rücksichtslos unterbrochen werden. Der Sterbeprozess verlängert sich durch zu viel Schmerz seitens der Angehörigen.

Der Tod tritt auf unterschiedliche Weise in unser Leben. Er kann stufenweise, fast unmerklich oder plötzlich in unser Leben treten. Bei älteren Menschen zieht sich die Lebenskraft langsam zurück. Der Ablauf des Sterbevorgangs indes und was darauf folgt, ist für jeden Menschen gleich. Sobald sich die Silberschnur, die den Erdenkörper mit dem Astral- und Ätherkörper verbindet, lockert und sich zweimal spannt, bevor sie beim dritten Mal endgültig zerreißt, erfolgt die Trennung der Seele vom Körper; unabhängig davon, ob es ein plötzlicher Unfalltod ist, ein Selbstmord oder ein langes Sterben bedingt durch Krankheit oder Alter.

Geist und Seele

Was den Tod überlebt, sind *Geist und Seele*. Der Geist ist göttlichen Ursprungs, der Funke in jedem von uns. Vom menschlichen Verstand her bleibt der Begriff «Geist» kaum fassbar, da er die Urkraft, das Bewusstsein, das Unterbewusstsein, die Lebenskraft, die Instinkte, Wahrnehmungen, die Gefühle und das Gewissen einschließt. Die Seele ist der Träger des Geistes, wie der Körper Träger der Seele ist.

Die Seele bewahrt alle wesentlichen Erinnerungen, alles wichtige Wissen und alle tiefen Gefühle und Empfindungen auf, die für uns im Leben wichtig waren und uns prägten. Alles, was die Seele berührt, wird durch den Geist aufbewahrt, wozu vieles an Erdenwissen gehört, welches für die weitere Entwicklung in der geistigen Welt unnütz ist.

Ein Hauptproblem im Verständnis geistiger Zusammenhänge liegt darin, dass sich die meisten Menschen mit der Persönlichkeit, die sie augenblicklich sind, identifizieren. Sie halten ihre Person für das wahre Ich oder Selbst, was aber nicht stimmt.

Für das Leben im physischen Körper braucht der Geist das Instrument des Gehirns, durch das er denken kann, sich ausdrückt und argumentiert. Das Gehirn ist materieller Natur und besteht aus Atomen und Zellen. Im Tod lösen sich Körper und Gehirn auf, wobei der Geist als das einzig Lebendige im menschlichen Körper in die geistige Welt eingeht. Nach dem Tod entledigen wir uns schrittweise all des überflüssigen Materials, das wir im Erdenleben ansammeln und für dieses Leben benötigen.

Für das Leben in der geistigen Welt speichern wir nur noch die wesentlichen Erinnerungen des vergangenen Lebens, die durch unser seelisches Erleben durch uns hindurchgegangen sind. Charakterliche Eigenarten, Emotionen, ein spezifischer Sinn für Humor und Ähnliches überleben also in der astralen Welt, was zahlreiche Medien in ihren Kontakten mit der geistigen Welt immer wieder bestätigt haben.

Der körperliche Vorgang des Todes

Wenn wir sterben, wird auf der körperlichen Ebene die gesamte Körperenergie, die vorhanden ist, verlangsamt. Zunächst lässt diese Energie in den Sexualorganen und in den Verdauungsorganen nach, was sich darin äußert, dass der Appetit nachlässt und die Verdauung viel länger braucht. Der sterbende Mensch schläft viel mehr und die Hormonausschüttung wird weniger. Die Arbeit des Nervensystems wird herabgesetzt und Atmung und Herz werden langsamer. Die gesammelte Kraft der Seele sammelt sich im Kopf des Sterbenden, was zu einer erhöhten Bewusstheit führt.

Dieses konzentrierte Bewusstsein nimmt nun Dinge außerhalb des Körpers wahr. Je mehr ein Mensch imstande ist, diese Bewusstheit vom Körper zu lösen, desto leichter und sanfter ist der Übergang. Solange der Körper im Zentrum des Bewusstseins bleibt, ist der Sterbende starken Angstschüben ausgesetzt, weil er spürt, dass sich sein Körper verlangsamt und ihm zu entgleiten droht.

Wenn er sich mit seinem Bewusstsein angstfrei auf das Außen einstellen kann und anwesende Angehörige wahrnimmt, die seine Hand halten, kann der Sterbende ganz leicht loslassen und in die andere Dimension gleiten.

In dem Moment, wo ein Mensch aus seinem Körper heraus ist, tritt das Bewusstsein durch den Kopf aus. Solange das Bewusstsein aber noch im Kopf vorhanden ist, atmet die Lunge und schlägt das Herz. Wenn wir also den Körper vollständig verlassen haben, d. h. inklusive des Bewusstseins, gehen wir sofort in eine andere Dimension, werden abgeholt und gehen ins Licht.

Es gibt Menschen, die schon während des Überganges, obwohl das Bewusstsein noch im Körper ist, die sie umgebende geistige Welt wahrnehmen. Sie sehen verstorbene Angehörige oder Schutzengel und das Licht. Das hat mit der Verwandlung der Lebensenergie zu tun, weil ein enormer Schwingungswechsel vollzogen wird. Manche hören Stimmen, die sie rufen, oder sehen Farben und hören ätherische Musik. Der Tod gestaltet sich individuell, weil er mit unserer persönlichen Art zu tun hat, Leben zu spüren.

Menschen, die stark betäubt sind, gehen in den Tod und erleben aufgrund der Betäubung den Übergang nicht. Sie wachen erst in der geistigen Welt wieder auf, weil die Betäubung auf die Seele wirkt. Diese Wesen erleiden nicht selten einen großen Schock, wenn sie in einer für sie völlig fremden Welt zu sich kommen. Es stehen geistige Wesenheiten bereit, diesen Menschen zu helfen. Ein Mensch, der bei einem Unfall ums Leben kommt, erlebt all das, was bisher gesagt wurde, im Zeitraffer. Er geht lebendig und bei vollem Bewusstsein hinüber.

Im Augenblick des Todes geht die ganze Energie eines Menschen zurück zur Schöpferkraft, damit eine Verwandlung stattfindet und etwas Neues entstehen kann. Der Vorgang des Todes läuft also von unten nach oben. Rein körperlich wird die Kraft weniger und die Lebensenergie zieht sich in den Kopf zurück. Diesem Rückfluss kann sich niemand entziehen. Jeglicher Kampf gegen das Freisetzen der Lebensenergie ist sinnlos.

Wann immer der Tod uns treffen mag, für den Menschen scheint es stets der falsche Zeitpunkt zu sein. Wenn wir lernen, uns dem Tod vollkommen zu öffnen und uns ihm hinzugeben, kann er in Frieden erlebt werden, da er die Rückkehr zur Geborgenheit, zur Wärme, zur absoluten wahren Liebe, zur Freiheit und zur Wahrheit ist. In dem Maße, wie ein Mensch nicht gegen seinen Tod ankämpft und das Leben loslassen kann, ist es egal, unter welchen Umständen wir sterben: ob wir ertrinken, bei einem Unfall verbrennen oder in einer kalten Krankenhausatmosphäre sterben.

Was indes den meisten Menschen fehlt, ist die Gewissheit einer Weiterexistenz nach dem Tod, genauso wenig lauschen sie während ihres Lebens ihrer inneren Stimme, ihrem Gewissen. Der Friede tritt dann ein, wenn der Kampf aufgegeben wird.

Es gibt Menschen, die in Panik sterben und diese nach dem Übergang nicht aufgeben können. Auch den geistigen Wesen fällt es schwer, diese Seelen zu beruhigen. Diese Verstorbenen halten sich dann weiter in der Erdsphäre auf.

Nur ein sehr geringer Teil der Menschen geht ins wahre Licht ein. Die meisten wählen Ebenen, wo sie sich sehr wohl fühlen. Die Wahl der Hingabe an den Frieden und das Glück in Gott kann schon im Leben getroffen werden, wie auch im Jenseits nach dem Tod. Die Möglichkeit dieser Menschen, direkt im Licht anzukommen, ist sehr groß.

Was geschieht, wenn wir sterben?

Es ist wichtig für jeden von uns zu wissen, was im Moment unseres Todes mit uns geschieht. Ich möchte nun zusammenfassen, was wir alle erleben werden, wenn wir sterben:

Die unmittelbar erste Erfahrung, die jeder Mensch macht, nachdem die Seele den Körper verlassen hat, ist, dass der Verstorbene sich als ganz und heil empfindet und schmerzfrei ist. Mancher ist verwirrt, wenn er sich in seinem eigenen Totenbett liegen sieht. Der Verstorbene nimmt seinen abgestreiften Körper wahr, wie auch alles andere, was sich im Umfeld seines Übergangs ereignet. Manche erkennen nicht, dass sie gestorben sind, weil sie sich äußerst lebendig fühlen und vergeblich versuchen, sich den Angehörigen oder Anwesenden bemerkbar zu machen.

Manche werden von ihren vorangegangenen Angehörigen erwartet. Das Gefühl, unsichtbar und unhörbar geworden zu sein, irritiert manchen Verstorbenen. Alle Begrenzungen des Körpers sind aufgelöst und der Verstorbene erkennt, dass er sich in Gedankenschnelle überall hinbewegen kann, wohin es der Seele beliebt: Wenn sie einen bestimmten Blickwinkel einnehmen will, macht sie diese Erfahrung sofort. Wenn jemand Kinder hat und an sie denkt, befindet sich die Seele augenblicklich in deren Gegenwart, wo immer die Kinder sich aufhalten. Jede Distanz wird in Gedankenschnelle überwunden, da der Tod eine immense Bewusstseinserweiterung darstellt, die es auch ermöglicht, sich an mehreren Orten gleichzeitig aufzuhalten. Das Bewusstsein erfährt nach dem Übergang einen Wechsel der Perspektive und des Verständnisses, da in der geistigen Welt alles gleichzeitig gegenwärtig ist und keine Zeit mehr existiert. Insofern erleben wir das Bewusstsein, in welchem wir sterben. Wir begegnen uns selbst in unseren Wünschen, Ängsten und Gedanken. Das *ist* Himmel und Hölle, da jeder Mensch in seiner eigenen Gedankenschöpfung gefangen ist. Insofern wird die Welt, in der wir auf der anderen Seite leben werden, durch unsere eigene Denk- und Vorstellungskraft erschaffen. Im Normalfall wird ein Verstorbener schnell begreifen, dass er seine Umgebung durch seine Gedanken erschafft.

Nach dem Ablegen des Körpers wird ein Schwingungswechsel vollzogen, der uns in diese andere Form des Seins katapultiert. Das beginnt schon beim sterbenden Menschen, der durch die sich verändernde Körperenergie, die nun durchlässiger wird, imstande ist, Verstorbene oder Geistwesen wahrzunehmen.

Es ist wichtig zu wissen, dass der freie Wille auch nach dem Tod weiter besteht. Deshalb ist das Erleben nach dem Tod auch individuell unterschiedlich und erheblich davon geprägt, wie die Erwartungen eines Verstorbenen hinsichtlich eines Lebens nach dem Tod aussehen. Unbewältigte Angst und Schuldgefühle können Negativerfahrungen produzieren, die aber keine objektive Realität darstellen, sondern die unbewältigten, sich nun manifestierenden Konflikte der eigenen Innenwelt darstellen.

Die Forschungen über Höllenerfahrungen haben aufgezeigt, dass, sobald die Ängste losgelassen werden können, diese verblassen und sich eine positive Lichterfahrung einstellt. Die Mystiker nannten das die *«dunkle Nacht der Seele»*, die durchschritten werden muss, um ins Licht zu gelangen. Was wir nach unserem Tod erleben, ist das Ergebnis der eigenen Wahl. Die Hölle kann tatsächlich so lange erlebt werden, wie wir das wählen. Sie ist aber nur ein Bewusstseinszustand und kein realer Ort. Je mehr wir die immense Bewusstseinserweiterung erfassen und akzeptieren und uns dem Licht zuwenden können, desto größer wird die Seligkeit des Erlebten, die bis ins mystische Einssein, den Urgrund aller Dinge, führen kann.

3. Kapitel

Der heutige Umgang mit aktiver Sterbehilfe, Organspende und Komaerfahrungen

In diesem Kapitel erfahren Sie

- **die gesetzlichen Regelungen für Organspenden und das Hirntodkonzept**
- **was mit dem Körper des Spenders geschieht**
- **was die Folgen einer Organtransplantation für den Empfänger bedeuten**
- **was der geistige Aspekt der Organspende ist**
- **was ein Koma ist**
- **von Bewusstseinsveränderungen während eines Komas**

Die aktive Sterbehilfe

In den Niederlanden dürfen seit dem 10. April 2001 Ärzte straffrei Todkranke mit der Spritze von ihren Leiden erlösen. Der Senat von Den Haag genehmigte damit weltweit das erste Euthanasiegesetz, wonach das aktive Töten von Personen ab dem zwölften Lebensjahr erlaubt ist. Wer zu einer Zustimmung nicht in der Lage ist, kann auch wegen einer früheren Erklärung getötet werden. Es ist kein Geheimnis, dass in den Niederlanden jährlich mindestens tausend Menschen ohne Einwilligung getötet werden.[17]

Eine neue Studie der Erasmus-Universität belegt überdies, dass die als human geltende Euthanasiepraxis in Wirklichkeit sehr brutal sein kann: Bei jedem Vierten, der getötet werden soll, kommt es zu Komplikationen. Opfer aktiver Sterbehilfe wachen mit schweren Schäden aus dem Koma wieder auf![18]

Schon werden von der niederländischen Gesundheitsministerin Els Bols Forderungen erhoben, die Sterbehilfe noch einfacher macht: eine Selbstmordpille für unheilbar kranke Menschen («Bild», 17. 1. 2001).

Die Legalisierung der aktiven Sterbehilfe stieß in Deutschland allerdings auf einhellige Ablehnung und Empörung. Der evangelische Bischof Wolfgang Huber sieht gar «... das unbedingte Lebensrecht jedes einzelnen Menschen in Frage gestellt». Und der katholische Kardinal Karl Lehmann geißelte ebenfalls den «Dammbruch» in Holland. Auch die Bundesjustizministerin Herta Däubler-Gmelin lehnte sofort jede Art von aktiver Sterbehilfe in Deutschland rigoros ab («Spiegel», 16/2001).

In der deutschen Bevölkerung indes stößt die Sterbehilfe auf breite Zustimmung: Nach einer Umfrage des Allensbach-Instituts im März 2001 sind 64 Prozent der Westdeutschen und 80 Prozent der Ostdeutschen für den Tod auf Verlangen, wenn ein Patient schwer krank ist («Spiegel», 16/2001).

Diese Umfrageergebnisse belegen einmal mehr, wo die Ängste der deutschen Bevölkerung angesiedelt sind: Eine zunehmend vergreisende Bevölkerung fürchtet den Tod unter Schmerzen, einsam auf einer Intensivstation, ausgeliefert an eine Apparatemedizin, die Leben um jeden Preis verlängern will, und fordert das Recht auf Selbstbestimmung auch beim Tod. Insofern wird uns die Diskussion um die Legalisierung der aktiven Sterbehilfe in den nächsten Jahren extrem beschäftigen.

Sterbehilfe kann aber gerade in Zeiten der Kostendämpfung im Gesundheitswesen schnell mit wirtschaftlichen Motiven durchdrungen werden. Das wird zu einem tief greifenden Wandel eines abgestuften Lebensrechts führen. Auf dem Hintergrund derartiger Kosten-Nutzen-Erwägungen geht es auch um ein zunehmendes Geschäft mit dem Tod: Beihilfe zum Suizid kann überaus gewinnbringend sein, wie auch die Vermarktung von Organen und Körperteilen Verstorbener oder «klinisch Toter». Ein wesentlicher Faktor praktischer Kosten-Nutzen-Rechnung kann die Einsparung von Kosten durch Behandlungsabbruch oder aktive Sterbehilfe sein, zumal der letzte Lebensabschnitt den Krankenkassen als der kostenintensivste gilt.

Der Wandel im Umgang mit Sterbenden ist nicht zuletzt durch wirtschaftliche Rahmenbedingungen des Staates (Kostendämpfung), die Überalterung der deutschen Bevölkerung sowie das neue Betreuungsrecht und Transplantationsgesetz gekennzeichnet. Der steigende extreme Werteverfall unserer Gesellschaft und das Nützlichkeitsprinzip der Bioethik tragen ebenfalls dazu bei, Menschenwürde und Schutz allen Lebens abzubauen. Dabei könnte durch die moderne Palliativmedizin unerträgliches Leiden in den meisten Fällen verhindert bzw. gelindert werden, wie auch zahlreiche Hospize dafür Sorge tragen, dass niemand alleine sterben muss. Wenn wir aber Sterbenden das Gefühl vermitteln, dass sie anderen zur Last fallen, ist dies schwer wegzutherapieren. Nicht zuletzt gelten Sterbende auch als begehrte Ressourcen für verwertbare Körperteile: Organe, Gewebe, Knochen, Haut, Zellen.

Hirntodkonzept

Um die Bedeutung des Wissens von den feinstofflichen Vorgängen beim Sterben in ihrer praktischen Relevanz aufzuzeigen, soll dieses am brisanten Beispiel der Organspende erläutert werden. Heute sind die Grenzen zwischen Leben und Tod längst fließend geworden.

Am 1. 12. 1997 wurde in Deutschland das «Gesetz über die Spende, Entnahme und Übertragung von Organen» in Kraft gesetzt, womit die Organisationsstruktur der Transplantationsmedizin geregelt wurde. Dazu wurde eine neue Definition des Todeszeitpunktes in der Medizin gesetzlich verankert.

Das Hirntodkonzept zweiteilt den Menschen *als lebende Leiche:* Der Patient gilt als endgültig verstorben, wenn sein Gehirn tot ist, der übrige Körper aber noch lebt! Eine Transplantation ist aber abhängig von der Lebensfrische des hirntoten Körpers, da die

Organe, die transplantiert werden, in einem vitalen Zustand entnommen werden müssen.

Dieses Todesmodell bricht radikal mit allen bisher gültigen und sicheren Todeszeichen wie: Stillstand des Herzens und der Atmung, Leichenblässe, Totenstarre, Verwesungsprozess oder Totenflecken.

Durch die Neudefinition des Todes als Hirntod wurde der Todeszeitpunkt sozusagen vorverlegt und der eingetretene Tod auf ein sinnlich nicht wahrnehmbares, abstraktes Phänomen reduziert. Die High-Tech-Medizin spricht vom Tod eines Menschen, wenn das Gehirn unumkehrbar geschädigt ist, obwohl das Herz weiterhin schlägt in einem noch lebenden übrigen Körper.

Das Hirntodkonzept ist für die Medizin deswegen so wichtig, weil sie sonst in Tötungsverdacht geraten könnte, wenn ein Hirntoter noch als ein im Sterben begriffener Patient gelten würde. Das würde die Transplantation von Organen unmöglich machen.

Wenn ein Mensch einen Herz-Kreislauf- und Herztod erlitten hat, sind die meisten Organe unbrauchbar.

Deswegen musste die Transplantationsmedizin die Entscheidung treffen, den «Hirntod» als Tod des ganzen Menschen festzulegen, damit einem Menschen in einem bestimmten Stadium des Sterbeprozesses lebendfrische Organe entnommen werden können. Die Folge ist: Der Sterbeprozess des Spenders kann je nach Bedarf angehalten werden oder sein Tod wird durch die sofortige Organentnahme praktisch beschleunigt.

In der Praxis treten Unsicherheiten auf, da hirntote Spender häufig Reflexe aufweisen. Ein *toter* Mensch müsste eigentlich auch nicht narkotisiert werden zur Organentnahme, aber genau das wird gemacht!

Unter dem Druck des Organmangels hat die Medizinforschung neue Wege beschritten. Es wurden künstliche Herzen entwickelt und Schweine gezüchtet, die mit menschlichen Genen manipuliert wurden (Xenotransplantation), um lebendige Organe zu bekommen. Durch Eingriffe in die Keimbahnen züchtete man Embryonen ohne Kopf, sodass benötigte Organe nach Bedarf entnommen werden können.

All diese Tendenzen der modernen Medizinforschung verweisen auf einen Wertewandel, da der Mensch mehr und mehr zu einer Maschine degradiert wird. Gentechnik gilt als ein Herzstück der Medizin der Zukunft, wodurch der Verdinglichung des Menschen kaum Grenzen gesetzt sind. In seinem Wahn, Schöpfer zu spielen, wird dem heutigen Menschen mehr und mehr suggeriert, schon bald gar unsterblich in seinem Körper leben zu können bzw. den Alterungsprozess umkehren zu können. Das Bild des Menschen als rundum erneuerbare Maschine, unsterblich und jung für die Ewigkeit, sollte uns niemals darüber hinwegtäuschen, dass die Kehrseite dieses Wunschdenkens unermessliches Leid für die Betroffenen bedeutet. Ein Blick hinter die Kulissen der Transplantationsmedizin beleuchtet somit auch die eigentlichen Probleme unserer Zeit: das Problem der Forschungsfreiheit gegenüber der Menschenwürde, zumal für die Bioethik an Stelle der Person der Mensch zum Bioträger wird, zur belebten Materie.

Praxis der Hirntoddiagnostik

Hirntote sehen aus wie lebende Menschen, da der Hirntod von außen nicht erkennbar ist. Sie sind rosig, warm und trotzdem tot. Das ist nicht zuletzt auch ein großes Problem für das Pflegepersonal, das auch nach vielen Jahren Berufspraxis einen hirntoten Patienten nicht als Leichnam wahrnehmen kann. Hirntote sind keine Toten, sondern Sterbende.

In dem Buch «Herzloser Tod» bringt die Psychotherapeutin Hiltrud Kernstock-Jörns diesen Konflikt so auf den Punkt:

«Ich glaube schon, dass die Irritation heftig ist, die es für einen durchschnittlichen Menschen bedeutet, wenn er nun plötzlich mit dieser Hirntoddefinition konfrontiert wird. Er muss sich ja irgendetwas darunter vorstellen! Er wird plötzlich in seiner Vorstellung vom Tod getäuscht ... Ich denke, die Menschen werden in der Zwiespältigkeit ihrer eigenen Wahrnehmung und dem, was ihnen quasi als Todesdefinition verordnet wird, sitzen bleiben. Dass sich das zur Deckung bringen lässt, das halte ich wirklich für ausgeschlossen. Aber wie ist ein solcher Zwiespalt auf die Dauer seelisch zu verkraften? Wie wirkt er sich psychisch und gesellschaftlich aus, und wie ist es, in einem solchen Zwiespalt hängen bleiben zu müssen? Die eigene Wahrnehmung muss geleugnet werden, damit gleichzeitig etwas geschehen kann, was gesellschaftlich positiv beurteilt wird, nämlich Organspende.»[19]

Die Praxis der Hirntoddiagnostik ist von Unsicherheiten geprägt, weil immer noch spontane Bewegungen, Reflexreaktionen, Blutdrucksteigerungen und Schwitzreaktionen bei Hirntoten während der Organentnahme registriert werden. Hirnströme sind noch feststellbar wie auch funktionierende Blutkreisläufe im Gehirn.

Die Hirntoddefinition legt das Menschsein auf einen verengten Lebensbegriff fest, der sich ausschließlich auf das Gehirn bezieht. Andererseits wird durch die vorgezogene Todeszeitbestimmung das Tötungstabu berührt.

Der Mensch wird gespalten in niedere und höhere Organfunktionen, da nur dem menschlichen Gehirn Bewusstsein zugeordnet wird. Das Gehirn als Organ wird zum alleinigen Sitz der Persönlichkeit des Menschen. Der lebende Restkörper wird zum Appendix des toten Gehirns und verliert jede Qualität für die Existenz als menschliches Wesen. Der Hirntote ist damit gesellschaftlich, juristisch und medizinisch als Leichnam bestimmt.

In Wahrheit ist ein Hirntoter nicht tot, sondern ein Sterbender, der unserer menschlichen Zuwendung bedarf. Die Praxis der Organspende verweigert genau dies: Der Sterbende wird zur Maschine, zum Objekt degradiert. Er wird sozusagen entseelt und dann auch noch um einen friedlichen Tod betrogen, da er im

Moment des Sterbens, der Ablösung der Seele vom Körper, also des Übergangs in die andere Form des Seins, zwanghaft im Sterbeprozess aufgehalten wird. Geheim gehaltene Studien belegen bei Organentnahmen häufig Blutdruckanstieg und Schwitzreaktionen, die von der Medizin normalerweise als Zeichen des Schmerzes interpretiert werden.

Hierzu nun ein anschauliches Beispiel:

Bei einem Verkehrsunfall um 14.15 Uhr wird der 19-jährige Sven lebensgefährlich verletzt. Der Unfallarzt entscheidet, ihn zur Organentnahme zu überweisen. Sven wird mit einem Hubschrauber in die Uniklinik Hannover gebracht, wo sein Hirntod festgestellt wird. Die Eltern werden benachrichtigt und treffen gegen 19.30 Uhr in Hannover ein. Seine Mutter beschreibt ihren Eindruck von Sven:

«Er sah normal aus, wie wenn Sie jemanden schlafend im Bett sehen. Sauber, ordentlich, es war nichts zu sehen. Keine äußeren Verletzungen. Er sah auf keinen Fall wie tot aus.»

In diesem kritischen Augenblick wurde die Familie von den Ärzten um eine Organspende gebeten. Da die Mutter ablehnt, wird der Vater bearbeitet, bis er schließlich zustimmt.

Als Svens Mutter ihren Sohn kurz vor seiner Beerdigung noch einmal wieder sieht, ist sie entsetzt und schockiert über das, was sie vorfindet: Sven macht den Eindruck eines Greises und ist innerhalb weniger Stunden enorm gealtert, sein blondes Haar ist weiß geworden.

Seine Mutter gibt zu Protokoll:

«Die Augen waren geschlossen, die konnte ich nicht sehen, die Zunge hing raus, im Körper steckten Kanülen, die Narbe fing hier unter dem Hals an, das war nicht nur ein Bauchschnitt. Er sah aus, als wenn er einen ganz schlimmen Todeskampf hinter sich hätte – gequält. Ich habe mich immer wieder gefragt, was da passiert ist.»[20]

Die gängige Verfahrensweise mit Organspendern sieht

indes häufig vor, dass die Angehörigen die Leiche nicht mehr sehen dürfen, wobei man sich fragen kann, was schlimmer ist: mit einem solchen Anblick konfrontiert zu sein, der für den Rest des Lebens nicht vergessen wird und die Betroffenen in eine Krise stürzt, oder aber sich nicht von dem plötzlich Verstorbenen verabschieden zu können, was für die Akzeptanz eines Verlustes überaus wichtig ist.

Alexander, der gelegentlich in einer Leichenhalle Verstorbene umbettet, berichtete mir folgenden Fall:

«Da war ein 25-jähriger Junge, dem Organe entnommen worden waren. Er sah völlig anders aus als sonstige Verstorbene. Die Haut war gräulich weiß und die blonden Haare waren grau geworden. Was ich aber als noch schlimmer in Erinnerung habe, war, dass die überlebende Ehefrau um seine Organspende gefragt wurde, als sie selber um ihr Leben kämpfte und sich in einem völlig desolaten und desorientierten Zustand befand. Sie war eigentlich nicht ansprechbar. Eine Woche später verstarb sie.»

Das Dilemma auf den Intensivstationen

Viele Krankenschwestern oder Pflegende können es irgendwann nicht mehr ertragen und verarbeiten, dass die Apparatemedizin die Patienten entmenschlicht. Dies gilt besonders im Hinblick auf die neurochirurgischen Intensivstationen, auf denen hirntote Patienten liegen.

Eine Intensivschwester berichtet von einem Mann um die dreißig, der in einem kranken, aber wachen Zustand eingeliefert wurde:

«Die Diagnostik lief schnell an. Er musste sehr schnell intubiert und beatmet werden, und man hat eine Massenblutung festgestellt. Er konnte nicht mehr operiert werden, sein Zustand war viel zu schlecht, und der Hirntod ist dann relativ schnell eingetreten, ohne dass ich heute den Zeitpunkt genau angeben könnte. Was mich dabei sehr beschäftigt hat, war einmal, dass der Mann sehr zugänglich war, als er zu uns kam. Und zum andern das ganze Leid, das hinterher aufgebrochen ist, als es um Organentnahme ging.»[21]

In dem Moment, da ein Patient für eine Explantation in Frage kommt, ändert sich sein Status vom Schwerverletzten zum Hirntoten, zur lebenden Leiche. Das verändert auch den Pflegeauftrag: Das Wohl des Patienten steht nicht mehr im Vordergrund, sondern die zweckorientierte Aufrechterhaltung der Vitalfunktionen. Die Anforderung an das Pflegepersonal ist konkret, die spezielle Zuwendung von dem hirntoten Patienten abzuziehen und den *Toten* rein sachorientiert im Hinblick auf das Ziel der Organentnahme zu versorgen. Der Arzt ist verpflichtet, einen Patienten optimal zu behandeln und sachorientiert das medizinisch Notwendige zu veranlassen. Das Pflegepersonal indes ist mit dem Leid des Patienten direkt konfrontiert. Der soziale Kontext eines Patienten bleibt dabei außen vor.

Die Krankenschwester Eva Messner berichtet von einem 19-jährigen verunglückten Motorradfahrer:

«Ich hatte die Gewohnheit, den Leuten die Hand zu halten. Und da ist es mir so vorgekommen, als spürte ich einen Händedruck, als wäre da noch ein Händedruck, das war schlimm für mich. Ich habe dem transplantierenden Chirurgen diesen Eindruck mitgeteilt, doch für die Neurologen war das ziemlich eindeutig, dass vom Gehirn nichts mehr ausgeht. Das könne, so meinten sie, fast nicht möglich sein. Aber für mich war es so, als würde etwas über dem Jungen schweben und ... das ist ganz schwer zu beschreiben.»[22]

Der Bericht verweist eher auf den Prozess des Sterbens und des Übergangs des Jungen, als dass er tatsächlich schon tot ist. Dieselbe Krankenschwester muss dann mit ansehen, wie der Junge zum Explantieren in den OP geschoben wird, wodurch der eigentliche Tod herbeigeführt wird.

Wenn wir sterben, sollten wir in Ruhe und Frieden sterben

können. Das aber gewährleistet eine Organentnahme eben nicht. Der Sterbeprozess fängt mit dem Unfall an und hört erst mit dem Abstellen der Maschinen im OP auf.

Das Gespräch mit den Angehörigen

In der Bitte um Organspende steckt eine doppelte Zumutung: für die Ärzteschaft als Überforderung und Angst und für die Angehörigen darin, dass ihre Trauer nicht respektiert wird. Die Situation selbst, in der so ein Gespräch stattfinden muss, ist eine Zumutung. Die Angehörigen haben keine Möglichkeit gehabt, sich irgendwie vorzubereiten, da die Patienten aus völliger Gesundheit heraus verstorben sind. Sie befinden sich in einem Zustand der Betäubung, des Schocks, des Nichtwahrhabenwollens. Ihr sinnlicher Eindruck vom Sterbenden steht im Widerspruch zu ihrer Vorstellung von Tod. Der Arzt wiederum darf die Demut und den Respekt vor dem Sterbenden und den Angehörigen nicht gelten lassen, wenn er um eine Organspende bittet. Es verwundert wenig, wenn die Todesnachricht, die in einem Atemzug mit der Bitte um Organspende formuliert wird, bei den Angehörigen auf erhebliches Unverständnis stößt, da diese erst einmal den Tod an sich begreifen müssen.

In den Glanzbroschüren der Transplantationsmedizin wird unablässig auf die lebenserhaltende Funktion von Organspenden hingewiesen. Dem als besonders extrem sinnlos empfundenen Tod eines Kindes wird auf diese Weise noch ein Sinn zugeschrieben. In Wirklichkeit hat dieser tröstliche Deal mit dem Tod unter dem Hinweis auf Lebensrettung nur im Augenblick des Schocks eine euphorisierende Überzeugungskraft, weil die Angehörigen einen Moment lang von der Erschütterung über den plötzlichen Tod eines Angehörigen abgelenkt werden. In Wirklichkeit sind sie gerade im Moment der Todesnachricht nicht imstande, eine solch weit reichende Entscheidung zu treffen.

Die spätere Begegnung mit dem Wesen, das den Angehörigen auf der Totenbahre präsentiert wird, ist von einer fürchterlichen Fremdheit gekennzeichnet, nebst dem Gefühl von Verunstaltung, sodass *dieses* Bild oft jahrelang nicht vergessen wird und so massive Schuldgefühle entstehen. Die Trauer wird verdrängt und die Menschen bleiben in ihrem unsagbaren Leid stecken.

Der Organempfänger

Jeder Empfänger eines Organs wird auf eine Warteliste gesetzt. Damit beginnt seine Hoffnung auf einen für seinen Körper passenden Organspender. Dem Mythos des Altruismus steht der knallharte Überlebenswille des auf den Tod eines anderen wartenden Patienten gegenüber. Die Anspruchshaltung, ein Organ zu bekommen, wird immer größer.

Wie weit die Struktur dieser vom Tod anderer Menschen abhängigen Transplantationsmedizin geht, zeigt sich an großen Katastrophen. Beim Zugunglück von Eschede beispielsweise wurden viele Menschen mit Schädelhirnverletzungen in die medizinische Hochschule Hannover gebracht, eines der ältesten und größten Transplantationszentren in Deutschland.[23]

Ein wartender Patient wird in eine Schuldproblematik verstrickt, wenn er an einem solchen Tag eines schweren Unglücks den ersehnten Anruf bekommt. Der Organempfänger ist auf den für ihn nützlichen Tod eines anderen Menschen angewiesen. Seinem Körper und seiner Seele werden Leiden über die eigene Krankheit hinaus aufgezwungen, sodass häufig auch psychiatrische Krankheiten auftreten. Daneben erfolgt eine meist lebenslange Behandlung, die das Immunsystem des Körpers zerstört.

Das eigentliche Leiden beginnt für viele Organempfänger erst nach der Operation. Direkt nach einer Transplantation treten Euphorie, Verwirrtheitszustände, wahnhafte und halluzinative Erlebnisse auf. Vor allem sind Angstzustände zu verzeichnen. Typisch sind Wahnideen von Raub und Tötung.

Ein Patient berichtet im «Spiegel» 1995:

«Ich wurde misstrauisch, große Angst befiel mich. Jeder, der sich meinem Bett näherte, war plötzlich ein Feind oder doch suspekt. Da ich in einem großen Raum lag, wurde ein Unfallverletzter hereingeschoben und da versorgt. Ich hielt das Ganze für eine Komödie, mit deren Hilfe ich ins Jenseits befördert werden sollte.»[24]

In dieser Hinsicht mag sich mancher fragen, inwieweit sich hier nicht das Gedächtnis des explantierten Organs breit macht, welches auf sein neues Umfeld, den Empfänger, einwirkt. In einer Selbsthilfegruppe sprach ein Patient vom Schrecken und der Verwüstung, die durch das Entzweigerissenwerden und dann wieder Zusammengesetztwerden verursacht werden. Was macht eine Transplantation mit der Psyche eines Menschen? Die Transplantationspsychiatrie spricht von Gedankenverzerrungen und Deliriumzuständen, was als Nebenwirkung der Immunsuppressiva und des Kortisons angesehen wird. Jeder Transplantierte muss beide Medikamente ab dem ersten Tag der Operation lebenslang nehmen. Ein hohes Erregungsniveau und aggressive Reaktionen kommen häufig vor.

Je genauer wir uns mit dem Empfängerpatienten befassen, desto deutlicher zeigt sich, dass eine Transplantation nur eine Verwandlung des Leides bedeutet: Aufgrund der Organabstoßung müssen lebenslang Immunsuppressiva verabreicht werden, die das Abwehrsystem so stark schädigen, dass eine Immunschwäche die Folge ist. Das bedeutet, dass die Patienten für kleinste Infekte anfällig werden, die sie lebensgefährlich bedrohen können. Immunsuppression bewirkt ein Wachstum von Pilzen, Bakterien und Viren. Die häufigsten Todesursachen nach einer Organtransplantation sind Krebs, schwere Nierenschädigungen und Stoffwechselstörungen. In der Werbung für eine Organspende werden der Öffentlichkeit die vielfältigen Komplikationen und Nebenwirkungen einer Transplantation vorenthalten. Viele Patienten erleiden eine oder mehrere Abstoßungsperioden und müssen nicht selten mehrfach operiert werden.

Natürlich gibt es erfolgreiche Operationen und Patienten, die sich mit den Nebenwirkungen arrangieren können. Der Krankenpfleger Georg Feldmann kommentiert:

«Aber die Transplantationen, die schief gehen, die gehen in der Regel doch sehr, sehr übel schief. Das heißt, die Patienten sind in einem miserablen Zustand, es sind große Operationen, die sehr viele Medikamente erfordern und Hilfsmaßnahmen pflegerischer Art. Sie müssen häufig noch einmal operiert werden, und das wird dann für die Patienten noch schwieriger, weil es ein noch größerer Eingriff in den Körper ist.»[25]

Die eigentliche ernüchternde Bilanz der Erfahrungen nach dreißig Jahren Transplantationsmedizin entgeht der Öffentlichkeit, weil ihr immer noch eine lebensrettende Funktion zugeschrieben wird:

Wirkliche Heilung kann durch eine Organtransplantation nicht erreicht werden. Nur in den wenigsten Fällen kommt es zu mehr als einer vorübergehenden Linderung von Beschwerden. In der Regel bringt eine Verpflanzung nicht Gesundheit, sondern Lebensverlängerung um einen hohen Preis: Ständige Klinikaufenthalte wegen Bronchoskopien, Blutbildern oder Untersuchungen jeglicher Art stehen den Nebenwirkungen der Immunsuppressiva und des Kortisons gegenüber, was die Lebensqualität eines Transplantierten erheblich beeinträchtigt. Manche müssen gleich mehrfach transplantiert werden. Dann wird das Leben mit sehr viel Aufwand um nur wenige Monate verlängert.

Hinzu kommen häufig gravierende Persönlichkeitsveränderungen, die einen Organempfänger belasten und die als wesensfremd betrachtet werden. Es kann zur Wahrnehmung einer fremden Präsenz im Innern kommen und in kritischen Augenblicken sprechen die Patienten mit dem fremden Organ. Einige berichten nach einer Organverpflanzung auch von völlig wesensfremden Handlungen oder Gelüsten. So kommt es vor, dass überzeugte Vegetarier nach der Operation einen Heißhunger auf Fleisch oder

Alkohol entwickeln. Einiges deutet darauf hin, dass bestimmte Persönlichkeitsmerkmale des Spenders sich auf den Empfänger übertragen.

Der geistige Aspekt der Organspende

Der Mensch wird durch die moderne Medizin degradiert zur Maschine, dessen Organe beliebig austauschbar sind, wobei jeder Preis für eine Lebensverlängerung gerechtfertigt scheint.

Angesichts der Entwicklungen stehen wir heute vor einem eigentümlichen Dilemma: Auf der einen Seite können Ärzte Menschen nicht sterben lassen, andererseits brauchen wir dringend Sterbende für den wachsenden Bedarf an Spenderorganen. Daneben steht die Forderung nach aktiver Sterbehilfe, die nicht zuletzt ein Auswuchs der heutigen Möglichkeiten der Medizin ist, aber auch aus Kosten-Nutzen-Erwägungen gefordert wird.

In der Transplantationsmedizin zeigt sich auf perfide Weise, dass Ärzte auf den Tod angewiesen sind, um ihm Organe abzutrotzen. Da die herkömmliche Sicht sich auf den Empfänger bezieht, dessen Leben durch die Spende eines *Toten* gerettet wird, geht man davon aus, dass der Spender von allem nichts mehr mitbekommt. Die Frage allerdings, wie tot ein Spender zum Zeitpunkt der Organentnahme nun wirklich ist, ist heikel und brisant!

Erst wenn die Seele den Körper wirklich verlassen hat und die Silberschnur durchtrennt ist, wird der Körper unwichtig für die Seele. Das Hauptproblem für die überwiegend plötzlich Verstorbenen – in der Regel junge Unfallopfer – ist eine Desorientierung, ein Schockzustand, aber auch die Irritation über ihre weiter bestehende sinnliche Wahrnehmung des Geschehens. Viele denken, weiter am Leben zu sein, und heften sich an ihren Körper. Sie begreifen nicht, dass sie gestorben sind, und wissen nicht, dass der Tod nur ein Übergang in eine andere Form des Seins ist.

Da wir wenig Wissen über die spezifischen Übergangszustände von Explantierten haben, sollten wir vorsichtiger mit dem

Hirntodkonzept und den Spendern verfahren. Die körperlichen Reaktionen von Spendern wie Schwitzen, Bluthochdruck verweisen eher darauf, dass sie den Vorgang der Organentnahme bewusst wahrnehmen.

Solange die Silberschnur nicht endgültig gerissen ist, ist ein Mensch nicht wirklich tot. Er mag klinisch tot oder hirntot sein, aber die Seele hat den Körper noch nicht endgültig verlassen.

Das Sterben verzögert sich durch die künstliche Aufrechterhaltung der Herz- und Kreislauffunktionen. Die eigentliche Ablösung der Seele vom Körper wird aufgehalten beziehungsweise der Sterbende wird in einem Zwischenzustand festgehalten. Er hat schon eine erweiterte Wahrnehmung, durch die er das Geschehen mitbekommt, ist aber gleichzeitig noch an seinen Körper gebunden. Umso größer wird der brutale Schock sein, wenn nach abgeschlossener Ausschlachtung die Maschinen plötzlich abgeschaltet werden. Das orientierungslose Unfallopfer wird kaum erkennen können, dass es gestorben ist. Es beobachtet die Entnahme der Organe aus seinem Körper und durchleidet Vernichtungsängste, die mit der Erfahrung der Hölle gleichzusetzen sind. Das Ärzteteam wird in *seiner Wahrnehmung (!)* zu seinem *Mörder*.

Die meisten Menschen gingen zum Zeitpunkt der Zustimmung für ihre Organentnahmen *nicht* davon aus, dass sie die Entnahme von Transplantaten aus ihrem Körper vollkommen bewusst beobachten würden!

Da die Körperzellen als Energiespeicher funktionieren und dem Bewusstsein Informationen der Orientierung für seinen Übergang übermitteln, hat der Körper für den Übergang in die geistige Welt eine überaus wichtige Funktion.

Andernfalls wird die Erfahrung gemacht, zwischen Leben und Tod gefangen zu sein, was äußerst traumatisch ist.

Bewusstseinszustände in der Nähe des Todes: Koma

Ein Koma ist definiert als Zustand ohne Bewusstsein und ohne Wachheit. Das EEG eines Patienten zeigt keinen Schlaf/Wach-Rhythmus auf. Die Augen sind ständig geschlossen, körperliche Reaktionen bestehen aus unwillkürlichen Reflexen.

Die häufigsten Ursachen für ein Koma sind schwere Schädigungen des Gehirns als Folge eines Unfalls, Hirnblutungen oder Sauerstoffmangel zum Beispiel nach einem Herzinfarkt. Solche Komata dauern meist nur wenige Wochen und enden mit dem Tod des Patienten.

Das Schicksal von Menschen im Koma entscheidet sich in wenigen Wochen: Entweder sterben sie oder erlangen nach relativ kurzer Zeit das Bewusstsein wieder.

Die dritte Möglichkeit ist ein vegetativer Zustand, der sich äußerlich durch offene Augen und die Rückkehr des Schlaf/Wach-Rhythmus äußert. Es sind keine willentlichen Aktionen oder Reaktionen zu beobachten. Dieser Zustand wird auch als Wachkoma bezeichnet. Die Hirnschädigungen können sich aber zurückbilden und der Patient kann wieder aufwachen.

Ein Koma gilt als schwerster Grad einer Bewusstseinsstörung. Inwieweit Menschen im Koma Wahrnehmungen von der Außenwelt haben, ist wenig erforscht. In wissenschaftlichen Fachkreisen werden Aufsehen erregende Berichte von Menschen, die nach Jahren wieder aus einem Koma erwacht sein sollen, kontrovers diskutiert und werden für unwahrscheinlich gehalten.

In Deutschland gibt es heute etwa 40 000 so genannte Komapatienten[26] mit schweren Bewusstseinsstörungen in einer Zwischenwelt zwischen Leben, Traum und Tod. Die Anzahl dieser Fälle ist steigend aufgrund verbesserter notfall- und intensivmedizinischer Behandlung, wodurch immer mehr Menschen schwere Hirnverletzungen überleben.

Der Fortschritt in der Akutversorgung hat mit der Betreuung von Komapatienten nicht Schritt gehalten: Es fehlen Tausende von qualifizierten Frührehabilitationsbetten für Patienten im Wachkoma. Für die Betroffenen bedeutet das nicht selten, dass sie in Altenheime oder Psychiatrien zur Betreuung eingewiesen werden, die damit allerdings überfordert sind. Es kommt vor, dass fünfjährige Kinder in Altersheimen versorgt werden müssen.

Darüber hinaus liegt die Forschung über die unterschiedlichen Bewusstseinsstörungen im Argen, was zur Folge hat, dass Ärzte wenig differenzierte Diagnosen stellen können und der Sammelbegriff «Koma» oder «Wachkoma» viel zu schnell verwendet wird, obwohl es häufig Möglichkeiten zur Rehabilitation gäbe. Die Prognosen für ein Wiedererwachen sind abhängig davon, inwieweit Ärzte Zeichen erkennen, die auf eine veränderte Bewusstseinslage schließen lassen.

Das gilt besonders für das so genannte «Locked in Syndrome». Obwohl diese Menschen unfähig sind, sich mitzuteilen und das Gehirn seine Macht über den Körper verloren hat, funktioniert ihr Bewusstsein oder Geist wie bei einem gesunden Menschen. Durch gezielte Hilfe wären diese Patienten in der Lage, sogar Bücher zu schreiben. Werden sie jedoch als «Apalliker» diagnostiziert, landen sie in Pflegeheimen.

Was aber geschieht mit dem Bewusstsein oder Geist eines Menschen im komatösen Zustand? Heute gibt es eine Anzahl vorliegender Berichte, die auf eindrucksvolle Weise belegen, dass Komapatienten trotz einer Hirnschädigung Wahrnehmungen haben. Menschen, die aus einem Koma erwachten – sei es nach kürzerer oder längerer Zeit –, berichten von außerkörperlichen Erfahrungen, von Bewusstseinszuständen jenseits von Raum und Zeit, von einem Gefühl des Aufgehobenseins und Wohlbefindens. Andere haben Erlebnisse, die Nahtoderfahrungen gleichen, oder erleben sich in ausgedehnten Phantasiereisen und Träumen, die sie in eine Anderswelt katapultieren.

Der praktische Arzt Reinhard Kastl ist ein Mensch, der aus einem Koma nach einem Herzstillstand wieder erwachte. Was damals mit ihm geschah, ist aus seinem Gedächtnis gelöscht. Nur an eins erinnert er sich, an ein absolut «dunkles, grenzenloses Etwas ohne Bewegung mit einem einzigen kleinen, hellen Zielpunkt ganz weit hinten, eine Art unendliches schwarzes Loch mit Lichtblick».

Die Zeit der Bewusstlosigkeit empfindet er als äußerst angenehm, eine Zeit ohne Schmerzen, Ängste, Sorgen oder Bedürfnisse. «Mensch, da bleibe ich – so schön ist das!»

Kastl glaubt, dass er während seines Komas auch Gehörwahrnehmungen hatte. Nach seinem Wiedererwachen und kurz vor der Entlassung aus der Klinik habe er noch einmal die Station besuchen wollen, auf der er während des Komas gelegen hatte. Als er an einem Besprechungszimmer vorbeikam, hörte er von dort eine Stimme und sagte beiläufig zu seiner Frau:

«Diese Stimme kenne ich, sie ist mir sehr vertraut.» Tatsächlich war es die Stimme des Oberarztes, der Reinhard Kastl während seiner Zeit im Koma intensiv betreut hatte – zuvor hatte er ihn niemals gesehen oder gehört.[27]

Die Komaerfahrung gehört zur Vielfalt ungewöhnlicher Erlebnisse und veränderter Bewusstseinszustände, die den meisten in Todesnähe begegnen. Einiges deutet darauf hin, dass ein Koma keineswegs nur ein unbewusster, unzugänglicher Zustand ist und Menschen in einem vegetativen Dauerzustand tot sind. Menschen im Koma scheinen nicht zu leiden. Im Grunde sind es wache Menschen, die durch ein bedeutungsvolles Stadium ihres Individuationsprozesses hindurchgehen. Veränderte Bewusstseinszustände im Koma oder in Todesnähe zeigen uns, dass wir uns auch unabhängig vom physischen Körper ständig weiterentwickeln und dass diese Erlebnisweisen ein Leben nach dem Tod, außerhalb der Gebundenheit des menschlichen Körpers, bestätigen. Wir sollten misstrauisch einer wissenschaftlichen Haltung gegenüberstehen, die den Menschen als biochemisches Wesen betrachtet und sein geistig-seelisches Verhalten in Todesnähe auf stoffwechselbedingte oder organische Veränderungen zurückführt.

Dr. Arnold Mindell, ein amerikanischer Psychologe mit Sitz in Zürich und Oregon, erlebte durch seine Arbeit mit schwer kranken und sterbenden Menschen, dass Menschen im Koma nicht einfach bewusstlos dahinvegetieren und nicht mehr ansprechbar sind. Er erlebte, wie Menschen, die schon monatelang im Koma lagen, auf Ansprache und Körperberührung reagierten und wieder erwachten. Er vertritt die Überzeugung, dass «im Koma sein» heißt, ungelöste Probleme und unerledigte Geschäfte zu haben. Der Mensch im Koma arbeitet an sich und will und kann sich mitteilen. Er will sich noch entwickeln und braucht unsere Hilfe dabei.

Die meisten Sterbenden brauchen Hilfe und Unterstützung, um die überwältigenden Geschehnisse, die sich ereignen wollen, in ihrer Ganzheit erfahren zu können. Veränderte Bewusstseinszustände bringen uns durcheinander und verwirren uns, wenn wir keine Hilfe haben.

Die Signale von Menschen in veränderten Bewusstseinszuständen werden häufig falsch gedeutet als Anzeichen von Schmerzen, Medikamenteneinwirkung oder Leiden. Ebenso wenig schweben diese Menschen voller Frieden in die andere Welt hinüber, da sie in ihrer Verlassenheit nach Lösungen für ihre Lebensprobleme suchen, um loslassen zu können. In der Nähe des Todes haben wir alle die gleichen Möglichkeiten und die Gelegenheit, ganz zu werden.

Komatöse Zustände sind ganz besondere Träume, durch die wir versuchen, in unserem Drang nach Selbsterkenntnis weiterzukommen. Die Prozesse, die unser Leben lang in uns gewartet haben, streben nach Verwirklichung und Vollendung.

Die Erfahrungen eines Menschen im Koma gehen über das gewöhnliche Denken hinaus. Im Sterben haben wir eine erweiterte Sichtweise, da sich unser Bewusstsein erweitert. Alle

Bewusstseinszustände, die sich von unseren alltäglichen Bewusstseinszuständen unterscheiden, werden als «veränderte Bewusstseinszustände» bezeichnet. Ein Koma gehört zu diesen veränderten Bewusstseinszuständen in der Nähe des Todes.

Der Student Mark Block hatte einen schweren Unfall. Er erlitt Brüche im Halsbereich, schwere Kopfverletzungen und Lungen- und Weichteilverletzungen. Nach dem Unfall fiel er in ein Koma. Später berichtete er in einer Zeitschrift, dass er sich während seines Komas seiner selbst bewusst gewesen sei.[28]

Mark schildert zunächst, dass er in der dunklen Leere des Komas in sich erwachte und die Schockwellen von Schmerz und Verwirrung bemerkte. «Ich war mir eines strahlenden Lichtscheins außerhalb meines Körpers bewusst, weil etwas von weit oben durch meine Lider drang.» Gleichzeitig war Mark nicht imstande, seine Augenlider zu öffnen. Da die Schmerzen zunahmen, zog er sich immer tiefer in seinen Körper zurück. «Ich widersetzte mich nicht mehr dem Ziehen der Strömung und gab den Kampf auf, ließ mich mit der Strömung forttragen ... in Sicherheit.» Der Schmerz zwang ihn, immer tiefer zu gehen. Die Qualität seines Bewusstseins begann sich zu verändern. Mark fragte sich selbst, ob er tot sei. Als ihm bewusst wurde, dass er das Ende seiner Reise erreicht hatte, ließ er «jeden Kontakt zu meinem physischen Körper weit hinter und über mir», und die Schmerzen holten ihn niemals wieder ein. «Hier ließ ich auch all meine physischen Bedürfnisse und Triebe hinter mir, ließ nur noch mein inneres Selbst, den Kern meines Wesens gelten, der nun getrennt war von der Außenwelt weit über mir und auch jenseits der neuen Welt meines Selbst.»

Empfindungen von Angst, Verwirrung und Schmerzen machen Gefühlen von Frieden, Gelassenheit und Geborgenheit Platz. In diesem Zustand «blieb ich allein, war aber niemals einsam, weil mir etwas, jemand irgendwie Sicherheit und Wohlergehen einflößte. Ich wuchs im Einklang mit den Gefühlen von Frieden und Ruhe, die mich umgaben. Eine Wärme breitete sich innerhalb meines Refugiums aus, wo ich keine Antworten auf meine Fragen kannte. Ich hatte hier überhaupt keine Fragen mehr.»

Irgendwann in diesem Zustand des reinen Bewusstseins, der Leere, wird Mark von diesem «Etwas» unterstützt, zurückzukehren. Fünf Tage nach dem Unfall öffnet Mark wieder die Augen. Die Ärzte glaubten, dass er gelähmt bleiben würde. Mark wird aber auf wunderbare Weise geheilt. Durch die Erfahrung des reinen Bewusstseins empfand er eine vorher nie gekannte Lebensfreude.

Dieser Fall zählt in der Fachliteratur zu den dramatischsten Berichten über die Realität und das Potenzial des reinen Bewusstseins.

4. Kapitel

Traum, Tod und Schlaf

In diesem Kapitel erfahren Sie

- **von den Ergebnissen der Schlafforschung**
- **was Freud, Jung und Grof über Träume herausfanden**
- **was unser Bewusstsein im Traum erlebt**
- **wie sich die außerkörperliche Erfahrung von Träumen unterscheidet**
- **von der Begegnung mit Verstorbenen und dem Jenseits in Träumen**

Vorgänge im Schlaf

Während des Schlafes des menschlichen Körpers lockert sich die Seele und geht Nacht für Nacht in jenseitige Bereiche ein. Diese Lockerung wird durch das Erwachen wieder aufgehoben. Es handelt sich hierbei wohlgemerkt um eine Lockerung der Seele, nicht eine Trennung. Die Lockerung wird ermöglicht durch die Verminderung der Körpertemperatur des Menschen während des Schlafes.

Die Schlafforschung hat aufgezeigt, dass der Gehirnstrom im Wachzustand bis zu 30 Schwingungen pro Sekunde aufweist. Bei Schlafenden sinkt er im Zuge des Einschlafens bis zu einer halben Schwingung pro Sekunde ab. Zugleich vermindert sich der Herzschlag, die Atmung, der Blutdruck und die Körpertemperatur. Es sind die äußeren Merkmale einer Abschwächung der Lebensfunktionen. Diese verminderte Körperstrahlung ermöglicht die Lockerung der Seele.

Manche Schläfer haben vor Erreichung des Tiefschlafes den Eindruck zu fallen und zucken zusammen. Das ist der Augenblick des Abhebens der Seele aus der bisher festen Strahlungsverbindung. Erst nach Erreichen des Tiefschlafes beginnt die ereignisreiche Welt der Träume.

Die Schlafforschung stellte fest, dass das Traumerleben nicht im Stehen oder Sitzen erreicht wird, sondern nur im Liegen. Wir träumen, während der Körper erschlafft ist. Untersuchungen in den Schlaflaboren der Wissenschaft zeigten auf, dass sich die Augen des Schläfers hinter verschlossenen Lidern auffallend schnell hin- und herbewegen. Diese schnelle Augenbewegung, die über das Elektroenzephalogramm messbar ist, bezeichnen die Schlafforscher als «REM-Phase» (rapid eye movement). Wenn Schläfer während dieser Phase geweckt wurden, bestätigten sie, dass sie geträumt hatten. Da die Augenbewegungen schneller verlaufen, zeigt dieses auf, dass der Geist eine Welt höherer Lebendigkeit erlebt als im Wachzustand. Daneben stellten die Wissenschaftler fest, dass die REM-Phase in einem kühlen Raum schneller erreicht wird, da die verminderte Raumtemperatur zu einer schnellen Abnahme der Körpertemperatur und so zu einer Verminderung der Körperstrahlung führt.

Im Schlaf ruht sich der Körper aus und sammelt neue Kraft. Dieses ist die landläufige Meinung von dem, was geschieht, wenn wir schlafen. Dass die Seele keineswegs untätig ist und das menschliche Bewusstsein verlässt, ist wenigen bewusst. Die Seele betritt aber während des Schlafes die Astralebene, was die Menschen als Traumzustand bezeichnen.

Da der Mensch ein Drittel seines Lebens im Schlafzustand verbringt, sind das bei 75 Jahren Lebenszeit etwa 25 Jahre, die wir schlafend zubringen. Davon träumen wir etwa zwischen sechs und sieben Jahren. Jeder Mensch träumt pro Nacht mehrmals, auch wenn er sich nach dem Aufwachen nicht mehr daran erinnern kann. Während des Schlafes wechseln Tiefschlafphasen von 90 Minuten und Traumphasen von 15 Minuten. Die erste Traumeinheit wird etwa 90 Minuten nach dem Einschlafen durchlaufen, die folgenden werden immer länger. Die letzte Traumeinheit kann bis zu mehr als 30 Minuten dauern und ist mit dem Aufwachen beendet. Von acht Stunden Schlaf werden also rund zwei Stunden geträumt. Hirnstrommessungen zeigten, dass der Teil der Großhirnrinde, der für visuelle Wahrnehmungen verantwortlich ist, im Traum aktiv ist. Dies sind die wesentlichen Ergebnisse der heutigen Schlafforschung.

Schlaf und Bewusstsein

Der Schlaf ist der «kleine Bruder des Todes»: Mit dem Einschlafen öffnet sich ein Tor, das den Blick in einen unermesslichen und weiten Erfahrungsbereich freigibt. Viele Erlebnisse während des Schlafens sind den Sterbeerfahrungen ähnlich – vielleicht als Vorbereitung auf den Tod.

In der Zeit, in welcher der physische Körper schläft, wird die Nacht nur teilweise bewusst erlebt. Die Reste des nächtlichen Erlebens bezeichnen wir als Träume. Das bewusste *Ich* fällt beim Einschlafen in sich zusammen: Es versinkt im Schlaf und kommt erst am nächsten Morgen wieder zu sich. Das Traum-Ich indes irrt häufig in einer bizarren und beängstigenden Welt umher. Die Sprache unserer Träume ist insofern fremd und unverständlich. Das Ich vermag sich nicht zu orientieren, weil es fürchtet, seine emotionalen und kognitiven Funktionen zu verlieren. Wenn wir lernen würden, das Ich-Bewusstsein im Traum aufrechtzuerhalten, würde das menschliche Erfahrungsspektrum in Bezug auf Weltbild, Weltanschauung und Alltagserleben sich enorm verändern. Durch Klarträume wären wir imstande, die Aussagen der Totenbücher oder Sterbeerfahrungen authentisch zu erleben, obwohl der Schlaf von uns häufig als totales Vergessen empfunden wird.

Im Traumzustand müssen wir allerdings zwischen unterschiedlichen Formen von Träumen unterscheiden: Ohne Zweifel werden Träume von unserem Unterbewusstsein stark beeinflusst. Unsere täglichen Ängste und Sorgen spiegeln sich in unseren Träumen wider. Sigmund Freud, der durch sein epochales Werk «Die Traumdeutung» (1900) die Traumforschung begründete, sah im Traum eine verkleidete Erfüllung unterdrückter und verdrängter Wünsche. Insbesondere suchen sich nach Freud unterdrückte sexuelle und aggressive Triebwünsche Befriedigung. Im Traum werden auch Tagesreste verarbeitet, die tagsüber übersehen bzw. nicht vollständig verarbeitet wurden. In späteren Forschungen zeigte sich, dass bewusst verarbeitetes Material im Traum nicht auftaucht. Freud war überdies davon überzeugt, dass eine besonders wichtige Funktion des Träumens die Wiedererinnerung verschütteter Kindheitstraumata sei.

Durch das Analysieren der Traumbilder bekommt ein Psychotherapeut Aufschluss über verborgene Eigenheiten des Klienten sowie seiner seelischen Störungen. Dadurch entstand die bis heute andauernde Beschäftigung mit Traumsymbolen, wobei Freuds Hauptaugenmerk wohl auf der einseitigen Betonung des sexuellen Charakters von Träumen durch den verhinderten Triebimpuls liegt.

Der Schweizer Psychiater Carl Gustav Jung, ein Zeitgenosse und Rivale Freuds, bezog in seine Traumanalysen religiöse und mythologische Gesichtspunkte mit ein. In seinen Vorstellungen des kollektiven Unbewussten und den daraus resultierenden Archetypen, das heißt, den urtümlichen Bildern, die im Traum, Dämmerzustand oder bei geeigneter Ablenkung des Alltagsbewusstseins dem Einzelnen zuteil werden als Produkt eines kollektiven Unbewussten, geht es nicht so sehr um Tagesreste oder Privates, sondern um zeitlose Urbilder der Seele. In seiner Psychologie verbinden sich Elemente des Alltags im Hier und Jetzt mit mystischen, transzendenten und religiösen Symbolen. Dadurch kommen im Traum reale Begegnungen mit dem Jenseits oder anderen Bewusstseinsebenen, die nicht unserer Realität angehören, zustande.

Jung war zeit seines Lebens heftiger Kritik seitens der materialistischen Wissenschaft ausgesetzt. Die Freud'schen Annahmen über Träume wurden durch die physiologische Traumforschung bestätigt, wobei allerdings die tiefenpsychologischen Dimensionen des Traums völlig vernachlässigt wurden. Dennoch, in den letzten dreißig Jahren des 20. Jahrhunderts begann eine intensive Beschäftigung mit den archetypischen Träumen Jungs. Das lässt sich auf folgende Ursachen zurückführen:

1. **Durch die Verwendung von Halluzinogenen wie LSD, Meskalin und Psylocybin können bei Menschen auch im Wachzustand traumähnliche Zustände hervorgerufen werden, die inhaltlich und formal den archetypischen Bildern von Jung entsprechen. Durch Experimente mit LSD entwarf Timothy Leary eine detaillierte Kartographie des inneren Bewusstseins des Menschen, wobei auf der sechsten Ebene des Bewusstseins von Leary das klare, reine Licht geschildert wird – das religiöse Symbol, welches in allen Hochreligionen vorkommt. Psychedelische Drogen beseitigen während ihrer Wirkungsdauer seelische Widerstände, wodurch die spirituelle Wirkungsebene des Unbewussten betreten wird. Vorher verdrängte Bereiche des menschlichen Bewusstseins werden freigesetzt. Später bestätigte der tschechische Psychiater Stanislav Grof diese Ergebnisse. Grof wendete LSD in der therapeutischen Arbeit an, weil dadurch ein schneller und direkter Zugang zum Unbewussten möglich war. Die dabei auftretenden Erscheinungen haben eine Struktur, die den Träumen ähnelt.**
2. **Psychiater fanden heraus, dass Wahninhalte Schizophrener oder Depressiver starke Ähnlichkeit mit archetypischen Träumen aufweisen, besonders im religiös geprägten Wahn. Dadurch mussten sich viele Therapeuten mit der inneren Welt ihrer Patienten auseinander setzen.**
3. **Es setzte sich das Wissen durch, dass religiös-**

archetypische Inhalte nicht selbstredend auf Nicht-Religiöses reduziert werden können.

4. In den Schlaflaboren auf der ganzen Welt haben Wissenschaftler direkt in das Traumgeschehen ihrer Probanden eingegriffen. Durch Blitze, die über eine Spezialbrille erfolgen, werden die Patienten daran erinnert, dass sie träumen. Beim so genannten luziden Traum oder Klartraum weiß der Träumende, dass er träumt. Er weiß, dass er in seinem Bett wieder zu sich kommen wird. Beim Klartraum zeigte es sich, dass die individuellen Muster des Träumenden im Vordergrund des Erlebens stehen.

Die sprunghaft ansteigenden Nahtoderfahrungen setzen im Gegensatz zum Traum lebensbedrohliche Situationen, Traumata, voraus. NTEs weisen allerdings eine eigene Erlebnisrealität auf, die einem bestimmten Muster folgt. Diese Merkmale von außerkörperlicher Erfahrung von einem Tunnel, der Begegnung mit dem Licht, mit Geistwesen oder Verstorbenen und die Erfahrung anderer Welten gleichen den archetypischen Traumsymbolen Jungs. Vieles deutet darauf hin, dass unser Traumgeschehen mehr ist als nur ein Verarbeiten von Alltagserlebnissen oder Berührungen mit dem Unbewussten. Viele Menschen berichten, dass sie regelmäßig Kontakte mit Verstorbenen und dem Jenseits im Traum haben.

Das menschliche Bewusstsein

Wenn wir uns mit dem Traum und dem Tod auseinander setzen wollen, stellt sich die Frage, was denn Bewusstsein ist.

Das menschliche Bewusstsein ist durch seine Grenzen gekennzeichnet: Im normalen Wachzustand erleben wir uns selbst innerhalb bestimmter physischer Grenzen. Da ist unser Körper und das Ich, das sich seiner selbst bewusst ist. Das Bewusstsein ist ein Teil des Geistes, der sich über alle Ereignisse und Handlungen klar bewusst ist.

In vielen esoterischen Lehren, in den Totenbüchern und in Sterbeerfahrungen wird das Bewusstsein als feinste und höchste Form der Energie beschrieben, als Wurzel aller Dinge und von gleicher Ausdehnung wie der Raum. Das bezeichnet man als Bewusstseinserweiterung, die außerhalb des Körpers in der feinstofflichen Welt erfahren wird.

Schon alte heilige Schriften Indiens unterscheiden vier Bewusstseinszustände:

1. **Das Wachbewusstsein, in dem die Seele die Außenwelt wahrnimmt.**
2. **Den Traumzustand, in dem die Seele eine bloße Innenwelt ohne Vermittlung der Sinnesorgane als Traum erschafft.**
3. **Den Tiefschlaf, in dem die Seele Name und Form vergisst, um sich mit dem Göttlichen eins zu fühlen.**
4. **Die Vereinigung mit Gott als Zustand der Befreiung oder die Erfahrung der Erlösung als höchste Verwirklichung.**

Im Gegensatz zu diesen Beschreibungen eines ewigen Bewusstseins unterliegen viele Menschen den Vorstellungen der materiellen Wissenschaft unserer Zeit, nach der Bewusstsein als Produkt der physiologischen Gehirnfunktion gilt. Das Bewusstsein höre auf zu existieren, sobald das Gehirn gestorben sei. Geist, Seele und Bewusstsein gelten als Nebenprodukt biochemischer Vorgänge, die mit dem Tod des Körpers der Auslöschung und Vernichtung anheim fallen. Das materialistische Paradigma einer im wissenschaftlichen Experiment reproduzierbaren, messbaren und fassbaren Welt, die wir als Menschen beherrschen, verbirgt die dahinter stehende Angst vor einem Leben nach dem Tod und vor der Möglichkeit, den Abgründen des eigenen Lebens entgegentreten zu müssen. Daneben scheint im Alltagserleben unsere Wahrnehmung auf Raum und Zeit beschränkt zu sein. Zahlreiche spirituelle und transpersonale Erfahrungen von Menschen zeigen auf, dass die üblichen Beschränkungen des Bewusstseins überschritten werden können. Allein der Gedanke, dass sich das Bewusstsein vom Körper lösen kann und unabhängig existieren kann, ist vielen Wissenschaftlern nach wie vor fremd, obwohl es gut dokumentierte Belege für außerkörperliche Erfahrungen gibt.

Geistige Einflüsse im Traumgeschehen

Ein wichtiger Teil des Traumgeschehens ist die Schulung für unser Erdenleben. Wir verbinden uns mit unserem geistigen Führer auf einer Ebene, wo die Seele Führung bekommt. Gerade in schwierigen Zeiten – bei Verlusten, Krankheiten, Problemen aller Art – träumen Menschen besonders intensiv und lebendig. Manche werden im Voraus auf besonders tragische Ereignisse hingewiesen oder sie erfahren instinktiv den Grund für bestimmte Geschehnisse in ihrem Leben. Sie fühlen sich durch das Wissen getröstet, dass bestimmte Dinge so sein müssen.

In einem Seminar berichtete eine Frau, dass sie den Unfalltod ihres Mannes sechs Wochen vorher geträumt habe. Als das Ereignis innerhalb von vier Wochen nicht eintrat, dachte sie, die Gefahr sei vorüber. Doch dann kam es zu diesem tragischen Unfall.

Einiges deutet darauf hin, dass wir über ein inneres Wissen verfügen, was uns auf tragische Ereignisse in unserem Leben vorbereitet. Das wird offensichtlich vor allem durch Träume vermittelt.

Déjà-vu-Erlebnisse haben häufig damit zu tun, dass wir bestimmte Räume oder Orte in unserem Traumerleben schon besucht haben, ohne dass wir uns in unserem Alltagsbewusstsein daran erinnern.

Es sei darauf hingewiesen, dass viele schwierige Probleme oder Partnerschaftskonflikte mit unserer Unfähigkeit zu tun haben, uns den entsprechenden Situationen zu stellen, und weniger ihre Wurzeln in früheren Leben haben.

Auf den astralen Ebenen des Bewusstseins begegnen wir in

unseren Träumen auch Verstorbenen. Sie nehmen weiter an unserem Leben teil und versuchen uns zu führen und zu helfen. Sie vermitteln uns die Gewissheit, dass es ihnen gut geht und dass sie auch nach ihrem Tode weiterleben. Häufig sind diese Träume wesentlich deutlicher ausgeprägt als das sonstige Traumerleben. Manchmal erfahren wir sogar direkte Hilfe bzw. konkrete Hinweise von Verstorbenen.

«Eine junge Frau verlor plötzlich ihre geliebte Tante. Es war keine Zeit gewesen, Abschied zu nehmen oder Verfügungen zu treffen, da ihre Tante nachts im Schlaf gestorben war. Im Traum klingelte ihr Handy und die Tante sprach mit ihr. Sie gab ihr konkrete Hinweise, wo Wertsachen und Verfügungen versteckt seien. Am nächsten Tag fand die Frau die Sachen an der bezeichneten Stelle.»

Die Begegnung mit Verstorbenen während des Schlafes ist vor allem durch die Liebe, die wir zu einer Person zu Lebzeiten gehabt haben, geprägt. Wenn wir unseren Körper verlassen haben, vermögen wir uns durch die Liebe zur Bewusstseinssphäre zu erheben. Diese Begegnungen vermitteln den Eindruck, dass wir tatsächliche Treffen mit der geliebten Person hatten, entweder als zeitlich langes Erlebnis oder als kurze visionäre Begegnung. Der Hinübergegangene teilt uns mit, was ihn bewegt und erfüllt. Wir können auch wertvolle Anregungen in Bezug auf unser eigenes Leben erhalten. So mancher wurde schon durch die Begegnung mit einem Verstorbenen oder Geistführer im Traum vor folgenschweren Handlungen bewahrt oder durch einen geistigen Rat von Unheil und Leid abgehalten.

Der Verstorbene erscheint dem Träumenden in seiner einstigen, jedoch verjüngten Gestalt. Wir erleben ihn oder sie so, wie sie in ihren besten Jahren ausgesehen haben. Auf der Ebene der Astralwelt fühlen wir uns glücklich, finden Trost oder innige Verbundenheit mit geliebten Angehörigen. Manchmal erfahren wir auf diese Weise sogar eine Form von Heilung.

Schon im Alten Testament wurden Träume ernst genommen. Man lebte in der Vorstellung, durch sie Vorwarnungen zu erhalten, um Unheil abwehren zu können. Dahinter steht auch das Wissen, von geistigen Führern getragen zu sein.

Auch Tagträume können ein wichtiges und heilsames Geschehen sein. Für kurze Zeit entziehen wir uns dem realen Leben und lassen Gedanken und Phantasie schweifen.

Da alles Materielle seinen Ursprung in den Gedanken hat, können wir in Tagträumen die Gedankenkräfte auf ein bestimmtes Ziel richten. Das ermöglicht der geistigen Welt, Einfluss auf unsere Gedankenmuster zu nehmen. Sie inspiriert uns, ermutigt uns und richtet uns auf. Manchmal kommt es sogar zu Visionen und Durchsagen, was den Betroffenen tief erfüllt sein lässt oder sich als Gefühl von Gegenwart eines Geistwesens oder Verstorbenen zeigt. Die geistige Kommunikation und Führung kann auch unbemerkt bleiben. Das sind die Momente, wo wir *plötzlich* ganz genau wissen, wie wir auf eine bestimmte Situation unseres Lebens reagieren sollen. Insofern wurzeln viele alltägliche Ereignisse in der geistigen Welt. Für den Menschen ist es häufig schwierig, zwischen inspirierten und eigenen Gedanken zu unterscheiden.

Die Begegnung mit dem Tod und mit Leichen in Träumen bedeutet nicht immer, dass sich dieses in der Realität verwirklicht. Tod und Sterben sind auch im Traum Symbole für einen Übergang, für Bewusstseinsveränderung, für Altes, das durch Neues abgelöst wird, für Trennung, Neubeginn usw.

Auch das Überwinden von Krankheit und die Erlangung neuer Vitalität kann im Traumtod versinnbildlicht werden.

Die außerkörperliche Erfahrung

Jeder Mensch, der jemals die «außerkörperliche Erfahrung» (AKE) selbst erlebt hat, erreicht schnell das Stadium der Gewissheit vom Überleben des Selbst nach dem körperlichen Tod. Viele dieser

Erfahrungen stehen im Zusammenhang mit dem Schlafzustand und werden nicht selten als Träume abgetan. Allerdings haben AKEs nicht die verschwommene und unwirkliche Qualität, die gemeinhin mit Träumen assoziiert wird. Die Geschichte ist voll von Hinweisen auf die außerkörperliche Erfahrung, und in den heiligen Schriften aller Zeiten wird über sie berichtet. Es hat immer schon Menschen gegeben, welche die bewusste Fähigkeit besaßen, den eigenen Körper zu verlassen. In vielen geheimen Schulungen und Initiationen wurden diese Dinge gelehrt.

Eine AKE kann allerdings auch spontan auftreten, was bei zahllosen Nahtoderfahrungen der Fall ist. Andere ereignen sich während einer Ohnmacht oder treten bei einer Operation unter Narkose auf. Der Patient findet sich plötzlich einige Meter oberhalb des Operationstisches wieder und kann später genau berichten, was er gesehen und gehört hat. Diese Vorfälle ereignen sich viel häufiger, als allgemein angenommen wird. Auch während spontan auftretender Bewusstlosigkeit infolge von Unfall oder Verletzungen kommt es häufig zu außerkörperlichen Erfahrungen. In der Erinnerung werden sie als Anomalie betrachtet oder als *Zufälle* abgetan, als etwas, das nicht wirklich passiert ist, da unsere Glaubenssysteme nichts anderes zulassen.

Eine der eindrucksvollsten Astralreisen, die mir je berichtet wurde, erzählte mir eine Ärztin: «Im Traum verließ ich meinen Körper und schwebte durch die Stadt. Ich befand mich dann in einer mir fremden Buchhandlung, oberhalb der Regale. Von dieser Position aus konnte ich das Geschehen gut beobachten und sah Menschen, die ich nicht kannte. Wenige Tage später fuhr ich mit meinem Auto durch die Stadt. Es gab eine Umleitung und dann entdeckte ich jene Buchhandlung, in der ich bei meiner außerkörperlichen Erfahrung gewesen war. Ich suchte einen Parkplatz und betrat das Geschäft. Es war unheimlich – ich erkannte die Regale, auf denen ich gelegen hatte. Aber nicht nur das: Ich sah einen Mann und eine Frau, die ich in meinem Traum gesehen hatte.»

Das größte Hindernis bei außerkörperlichen Erfahrungen ist die Angst des Menschen: Die Angst vor dem Ungewissen und dem körperlichen Tod. Das liegt daran, dass unser geistiges Bewusstsein sehr stark an unsere physische Umwelt gebunden ist und alles, was wir denken, seinen Ausdruck in Begriffen von Raum und Zeit findet.

Lotte Ingrisch berichtet hierzu aus ihrem eigenen Erleben Folgendes: «Diese Erfahrungen waren zuerst für mich ein Albtraum ... Heute weiß ich, was sie bedeuten, aber jahrzehntelang wusste ich nicht, wieso ich plötzlich unfähig bin, mich zu bewegen, unfähig zu sprechen, unfähig zu schreien. Das dauerte oft stundenlang, während ich verzweifelt versuchte, die Herrschaft über den Körper wiederzuerlangen.»

Bei einer AKE sehen wir uns mit der Notwendigkeit konfrontiert, etwas vollständig Fremdes so zu übersetzen, dass es im Hier und Jetzt verstehbar wird. Die Tatsache, dass sich geistiges Bewusstsein im außerkörperlichen Zustand erheblich vom körperlichen Wachzustand unterscheidet, führt dazu, dass ein intellektuell-analytischer Brennpunkt der Aufmerksamkeit fehlt. Die emotionalen Extreme der rechten Gehirnhälfte sind abwesend, da diese an das physische Bewusstsein gekoppelt sind.

Robert A. Monroe, der Pionier der Erforschung der außerkörperlichen Erfahrung, erklärt diese Zusammenhänge:

«Im außerkörperlichen geistigen Bewusstsein wird alles, was wir sind, sozusagen in vorderster Linie und unverhüllt offenbar. Unter Schichten von Beherrschtheit verborgenes Unterbewusstsein oder Unbewusstes gibt es hier nicht. Folglich kann es auch keine Täuschung oder Hinterhältigkeit geben; wir sind vollständig sichtbar. Was wir auch sein mögen, wir strahlen die Fakten aus. Es ist immer ein gewisser Überhang an unserem physischen Denken und unserer körperlichen Konditionierung anzutreffen, den wir letztendlich loslassen und verwerfen, falls er hinderlich wird.»[29]

Durch außerkörperliche Erfahrungen können wir allerdings lernen, dass wir mehr sind als unser physischer Körper. In diesem Zustand können wir bewusst kürzlich verstorbene Angehörige und Freunde aufsuchen, indem wir uns einfach auf sie einstimmen. Wir können uns an jeden Ort begeben und in jede Zeit – Vergangenheit, Gegenwart und Zukunft. Der ausgewählte Ort kann direkt durch die Gedanken angesteuert werden, wobei beobachtet werden kann, was dort gerade geschieht. Das Einzige, was nicht möglich ist, ist, physische Gegenstände zu greifen. Man kann sich sogar außerhalb des physischen Universums begeben, da der Astralkörper Teil eines ganz anderen Energiesystems ist. Allerdings ist in diesem Zusammenhang zu bemerken, dass vieles von dem, was im außerkörperlichen Zustand erlebt werden kann, sich jenseits der üblichen Raum-Zeit-Vorstellung ereignet. Dies übersteigt die Möglichkeiten des menschlichen Verständnisses, da Grenzenlosigkeit nicht in Worten fassbar und insofern nicht berichtbar ist.

Im Laufe der menschlichen Geschichte hat es immer einzelne Menschen gegeben, die sich über die Grenzen so genannter Gewissheiten hinausbegeben haben, die wegen unserer engen Glaubenssysteme tabu sind. Jedes Abweichen von akzeptierten Normen bringt Risiken mit sich, wofür nicht selten ein hoher Preis bezahlt werden muss. Sie wurden Ungläubige genannt, als Verrückte in Kliniken eingesperrt, als Hexen verbrannt, als Sünder, Rebellen, Anarchisten oder Verräter eingestuft. Was immer von den Vorstellungen von Machthabern oder der manipulierten Masse abweicht, wird gerne etikettiert und als absonderlich abgetan. Die andere Möglichkeit ist, außergewöhnliche und mutige Erforscher des Unbekannten auf ein so hohes Niveau zu bringen, dass sie aufgrund eines Heiligenstatus oder als anerkannte Mystiker wiederum unfassbar bleiben.

Schlussfolgerungen von Stanislav Grof

Die Studien von Kübler-Ross, Moody, Sabom, Ring, Grof und vielen anderen «haben wiederholt bestätigt, dass klinisch Tote AKEs haben können, wobei sie die Wiederbelebungsprozeduren von der Zimmerdecke aus genau beobachten oder Ereignisse an entfernten Orten wahrnehmen. Die moderne thanatologische Forschung bestätigt die Schilderungen des Tibetischen Totenbuchs, wonach ein Mensch nach seinem Tod einen ‹Bardo-Körper› annimmt, der die Grenzen von Raum und Zeit überschreitet und freizügig um die Erde reisen kann. In ähnlicher Weise führen die psychedelische Forschung, die ‹Holotrope Therapie› und andere Arten der Psychotherapie mit einem starken Erlebnisfaktor (‹experimental psychotherapy›) zu Beobachtungen, die die Möglichkeit echter AKEs während der visionären Zustände bestätigen, wie sie in verschiedenen mystischen Schriften und in der anthropologischen Literatur berichtet werden. Die Echtheit der AKEs wurde in kontrollierten klinischen Experimenten des bekannten Psychologen und Parapsychologen Charles Tart an der Universität von Kalifornien in Davis demonstriert.»[30]

Die Fortdauer des individuellen Bewusstseins freilich, die hier impliziert ist, kann schon mit etwas mehr Wissen über die Möglichkeiten der Träume von jedem erfahren werden, wenn er dafür offen ist und seine Ängste vor dem Unbekannten besiegen kann. Das menschliche Bewusstsein ist vielleicht eines der größten Rätsel überhaupt, aber dass es auch außerhalb des Körpers und seiner Begrenzungen existieren kann, belegen die oben angesprochenen Erfahrungsmöglichkeiten.

5. Kapitel

Das Leben im Jenseits

In diesem Kapitel erfahren Sie

- **von den Jenseitsvorstellungen aller Zeiten**
- **was die Bewusstseinszustände im Jenseits sind**
- **vom heutigen Wissen über die geistige Welt**
- **von der Macht unserer Gedanken**
- **von der Wichtigkeit der Lebensrückschau für das Leben nach dem Tod**

Die geistige Welt

Wenn hier im Folgenden Aussagen über das Jenseits getroffen werden, so sollte dem Leser klar sein, dass die eigentlichen Zustände für den Menschen sprachlich und vorstellungsmäßig nicht erfassbar sind. Die meisten Informationen, die wir durch Medien, Kontakte mit Verstorbenen, durch gechannelte Botschaften, die Nahtoderfahrungen oder eben Rückführungen über das Jenseits erhalten, stammen zum größten Teil aus den unteren Bereichen der geistigen Welt. Die dortigen Wesenheiten befinden sich noch sehr nah am physischen Universum. Dieses zeigt sich auch daran, dass Beschreibungen von Jenseitszuständen noch stark von den irdischen Vorstellungen dieser Wesenheiten geprägt sind.

Sobald eine Seele nach ihrem irdischen Tod in die geistige Welt eingegangen ist, manifestieren sich ihre eigenen Gedanken und Vorstellungen sofort, da das Jenseits vornehmlich eine Welt der Gedanken ist. Schon im Leben erschaffen wir kraft unserer Gedanken unser Schicksal und unsere Erfüllung, obwohl den meisten dieser Zusammenhang nicht klar ist, zumal zwischen Schöpfung und Manifestation häufig ein so langer Zeitraum liegt, dass ein Zusammenhang nicht erinnert wird. Anders verhält es sich nach unserem Tod.

Wenn eine Seele von ihrem Erdenleben geprägt ist und es ihr während einer Inkarnation nicht gelungen ist, ihr Bewusstsein zu erheben und seelisch und geistig zu wachsen, sind ihre Vorstellungen und Bilder vom Leben nach dem Tod sehr irdisch und materiell geprägt. So kommt es häufig vor, dass Seelen vor dem Licht fliehen und auch die liebevolle Hilfe anwesender geistiger Führer nicht annehmen können.

Himmel und Hölle sind nichts anderes als Bewusstseinszustände. Insofern hängt im Jenseits die Erkenntnisfähigkeit einer Seele von ihrem Bewusstsein ab. Was ein Mensch im Leben bewusstseinsmäßig nicht erkennen konnte, wird er auch nach seinem physischen Tod nicht unmittelbar erfassen. Wir werden durch den Tod keineswegs automatisch erlöst oder bessere und fähigere Menschen.

Der Ballast des Erdenlebens wird abgestreift, was körperliche Beschwerden, Schmerzen oder die Mühsal des Lebens betrifft: Nur jenes aber, durch das wir im Leben seelisch durchgegangen sind, was unsere geistige Entwicklung und Reifung vorangetrieben hat und in Gedanken, Taten und Werken an bedingungsloser Liebe praktiziert wurde, bleibt bestehen.

Aus diesem Grunde bleiben unzählige Seelen den unteren Regionen des Jenseits verhaftet, wähnen sich aber in der reinen, allerdings subjektiven Seligkeit. Hier finden sie wundervolle Landschaften, leben in Häusern und Gemeinschaften mit Gleichgesinnten, gesellen sich also zu Wesen mit ähnlichen Neigungen, was ihrer individuellen Seelenentwicklung entspricht. Sie leben glücklich und zufrieden und sie sind nicht imstande, eine größere, höhere objektive Realität des Jenseits zu erkennen oder zu erfassen, da ihre Seele noch nicht wirklich erwacht ist.

Wenn die Zeit gekommen ist, und das kann Hunderte von Jahren dauern oder auch kürzere Zeit, werden sich diese Seelen auf der Erde reinkarnieren, wodurch sie erneut die Chance erhalten, sich bewusstseinsmäßig weiterzuentwickeln. Natürlich werden die Seelen in der geistigen Welt geschult und unterwiesen, aber der Geist vermag nur das zu erkennen, was er erkennen will und kann. Der freie Wille bleibt auch nach dem Tod erhalten. Nur wer sich aufrichtig bemüht, sein Bewusstsein zu erweitern, entwickelt sich im Jenseits zu höheren Ebenen.

Wenn wir uns klar machen, dass es zahllose geistige Welten gibt, die nach oben hin immer feiner und durchlässiger werden, und dass der reinen Welt der Gedanken alles entsprungen ist, bekommen wir eine Ahnung der Unendlichkeit und Ewigkeit. Das höchste Ziel der Seelenreise des Menschen ist die Rückverbindung mit ihrem Ursprung, der Rückkehr zur Urkraft, zu GOTT.

Es gibt keine Materie an sich. Sie besteht nur aus einer Kraft, welche die Atomteilchen in Schwingung hält. Leben, Energie, Materie und das Leben nach dem Tod ist Schwingung. In ihrer niedrigsten und verdichtetsten Form in der Materie der Erde sind das die festen Gegenstände, der Körper eines Menschen oder eines Tieres etc. Die Kraft, welche die Materie zusammenhält, ist der Geist. Alles Leben und alle Materie wird durch den Geist gebildet, entstammt also der Gedankenwelt, wurde durch einen Akt der Vorstellung manifestiert.

Diese Welt der Gedanken liegt hinter allen materiellen Erscheinungen. Das ist der Ursprung allen Seins, die Urkraft, welche die Materie zusammenhält. Dieses intelligente Wesen, dem wir ausnahmslos alle entstammen und zu dem wir einst zurückkehren, ist das, was die Menschen GOTT nennen. Würde es keine Kraft geben, die das Universum zusammenhält, würde die gesamte Welt der Erscheinungen in sich zusammenfallen. Würde GOTT sich jemals aus unserem Universum zurückziehen und nicht in allem Lebendigen, aber auch in Erscheinungsformen der Materie sein, würden wir aufhören zu existieren. Gott aber ist Liebe, so unvorstellbar und unfassbar, weil er in uns ist und wir in IHM.

Jenseitsvorstellungen

Die Zeugnisse aller großen Religionen sprechen vom Vorhandensein der geistigen Welt. Die verborgene Geschichte der Mystik, die sich wie ein roter Faden durch alle Religionen zieht, kann als spirituelle Basis für menschliche Einheit jenseits aller religiösen Trennungslinien angesehen werden. Das Auftreten spontaner mystischer Erlebnisse ist heute nicht mehr nur wenigen Auserwählten vorbehalten. Eine direkte Gotteserfahrung, Erleuchtungserlebnisse oder kosmisches Einssein ist für jeden Menschen erlebbar. Diese bewusstseinserweiternden Erfahrungen sind die eigentliche Essenz der menschlichen Inkarnation. Mystik bedeutet das spontane Erleben einer erweiterten Wirklichkeit, jenseits der begrenzten Horizonte unserer Alltagsexistenz. Mystik ist keine Religion mit Überzeugungen und Dogmen, sondern das individuelle Eigenerleben höheren Bewusstseins. Mystische Erlebnisse führen in den Kern der allumfassenden Liebe. Die gemeinsame Quelle liegt in der Erfahrung des «Einen Lichtes». Dieses Licht wird Gott, Jesus, Buddha, Allah, Brahman, Tao usw. genannt.

Rumi schreibt:

«Es gibt viele Lampen, aber nur ein Licht.»

Und der zeitgenössische hinduistische Weise Sai Baba lehrt: «Alle Religionen sind Facetten der *Einen Wahrheit*. Alle Religionen sprechen von einem Aspekt Gottes und behaupten dann, dieser Aspekt sei vollständig und umfassend. Die Annahme, dass Gott nur auf einen Namen antwortet und nur in einer bestimmten Weise angebetet werden kann, ist ein Sakrileg.»[31]

Die Heimat der Seele ist in Gott. Mystiker aller Religionen sprechen übereinstimmend von einem Gericht, wo die Lebensweise des betreffenden Menschen von ihm selbst bewertet wird (vgl. «Lebensrückschau»).

Das nun nicht mehr an einen Erdenkörper gebundene Bewusstsein wird auch mit früheren irdischen Leben konfrontiert. Es erfolgt eine Läuterung oder Erhebung auf unterschiedliche jenseitige Ebenen. Der Tod kann nur dann endgültig überwunden werden, wenn der Mensch während des Lebens lernt, sich als Bewusstsein oder Seele von der materiellen Ebene zu lösen. Er muss sich als reinen Geist erkennen.

Die vielfältigen Nahtoderfahrungen des 20. Jahrhunderts bestätigen das Vorhandensein unterschiedlicher geistiger Ebenen nach dem Tod. Diese subjektiven Erfahrungen von Menschen berichten ausschnittweise aus verschiedenen Jenseitsbereichen. Trotzdem gibt es eine Vielzahl übereinstimmender Merkmale und Schilderungen: außerkörperliches Erleben, Tunnel, Licht, Lebensrückschau, aber auch das Gewahrwerden wunderbarer jenseitiger Landschaften: «Urplötzlich befand ich mich in einer anderen Umgebung. Es herrschte ein golden funkelndes Leuchten überall ... Eine wundervolle Musik war zu hören. Ich sah mich in eine liebliche Landschaft versetzt mit Bächen und Wiesen, Bäumen und Bergen. Aber wenn ich mich umschaute, dann waren das keine Bäume oder andere Naturdinge, wie wir sie bei uns hier kennen. Das Seltsame an der ganzen Sache war für mich, dass es dort Menschen gab. Nicht in einer Gestalt oder Körperlichkeit, wie wir es gewohnt sind, sondern sie waren eben einfach da, sie existierten.»

Auch von Lichtstätten wird immer wieder berichtet: «In der Ferne konnte ich eine Stadt liegen sehen. Bauwerke standen da – einzelne Gebäude. Sie schimmerten hell herüber. In ihrem Inneren weilten glückliche Menschen. Wasser blinkte auf, Springbrunnen sprühten ... eine Lichtstadt, so kann man das am besten bezeichnen.»[32]

Rückführungstherapeuten bestätigten das Vorhandensein dieser universellen Bilder, da sie ihre Klienten *durch* unterschiedliche Tode geführt haben. Sogar die Reise durch das Jenseits wurde beschrieben. Ebenso liegen vielfältige mediale Zeugnisse über Jenseitswelten vor.

Das Wissen über das Jenseits

Aus den bisherigen Untersuchungen über die Merkmale der uns umgebenden geistigen Welt wissen wir Folgendes:

- **Wir verfügen über einen feinstofflichen Körper, der mit irdischen Augen nicht sichtbar ist. Dieser besitzt die Fähigkeit zu intensivierter Sinneswahrnehmung.**
- **Das Bewusstsein ist nicht vom Körper abhängig, sondern unser Körper vom Bewusstsein. Wir können also auch ohne die sterbliche Hülle des Körpers denken und Dinge wahrnehmen.**
- **Bei der Lebensrückschau sehen wir der eigenen Wahrheit über uns selbst ins Gesicht – hier ist keine Verstellung und Lüge mehr möglich. Der Mensch erkennt seine Verantwortung für sein eigenes Leben.**
- **Es gibt keine «ewige Verdammnis» oder «Hölle». Himmel und Hölle sind Bewusstseinszustände, die wir frei wählen können. Diese Ausrichtung des Bewusstseins schon während des Lebens bestimmt die Resonanz, welche Realitäten in der jenseitigen Welt wahrgenommen werden können. Es erwartet uns weder Lohn noch Strafe, sondern einfach die Folge dessen, was wir während des Erdenlebens gedacht, gesagt und getan haben.**
- **Der Tod ist für alle Menschen ein Übergang in eine unsichtbare Welt und gänzlich andere Form des Seins.**
- **Unser geistiges Bewusstsein ist frei von Denkmustern in Bedingungen und von Begrenzungen durch Zeit und Materie. Es kann unabhängig davon die Zusammenhänge von Ursachen und Wirkungen erkennen.**
- **Das vorliegende Wissen zeigt uns, dass der freie Wille darin besteht, dass wir entscheiden können, worauf wir unser Bewusstsein ausrichten (positiv – negativ, Gott zugewandt – Gott abgewandt). Das ist unsere einzige wirkliche Freiheit und Verantwortung. In einer Zeit der**

Informationsüberflutung mit unwichtigen oder halb wahren Nachrichten ist die spirituelle Information dennoch für jeden verfügbar. Wer sie sucht, findet sie, wobei das Suchen ein Ausdruck des freien Willens ist.

- Das Bewusstsein ist die mächtigste Energie, die es gibt. Die Ausrichtung des Bewusstseins setzt nachhaltige Kettenreaktionen in Gang: Bewusste Impulse bilden feinstoffliche Muster, die wiederum Manifestationen im Grobstofflichen auslösen.
- Es gibt einen Gott, der die individuelle Urkraft hinter allem Sein ist. Insofern ist es wichtig zu wissen, dass wir von Gott abhängig sind.

Würde sich die göttliche Kraft, die Liebe ist, aus dem Universum zurückziehen, würde dieses augenblicklich in sich zusammenfallen. GOTT ist *die* elementare Energie, aus der alles Lebendige hervorgegangen ist und welche die Atomteilchen in Schwingung bringt.

- Nach dem Tod gibt es keine Krankheit und keine Schmerzen mehr. Rollstuhlfahrer erleben sich als ganz und heil und Blinde können sehen. Alltägliche Sorgen und Ängste lösen sich auf, da sämtliche materiellen Formen der Existenz wegfallen.
- Das Jenseits ist eine Welt der Gedanken in einem nichtphysischen Universum. Es gibt keine körperlichen Beschränkungen mehr und das Bewusstsein erweitert sich in nie gekannter Weise. Unsere Gedanken manifestieren sich sofort.
- Das Leben nach dem Tod ist gekennzeichnet von der Allgegenwärtigkeit der Liebe. Nach dem Tod sind wir für die Lebenden unsichtbar und unhörbar geworden, doch wachsen wir geistig weiter und entwickeln uns.
- Wir leben ewig: In Wirklichkeit haben wir nur *ein* Leben, das uns durch die unterschiedlichen Inkarnationen trägt.

Wir alle wissen tief in unserem Inneren vom Vorhandensein unserer geistigen Heimat.

- Wir treffen Freunde, Verwandte, Eltern, Kinder oder Ehepartner wieder. Vor allem begegnen wir unseren Seelenverwandten wieder, die wir aus früheren Inkarnationen oder Aufenthalten im Jenseits kennen.
- Es gibt Engel und Geistführer, die uns zur Seite stehen, niemand ist alleine.
- Wir erkennen unsere Verantwortung für unser Leben und kümmern uns um die geistigen Bedürfnisse anderer – im Jenseits wie auf Erden.
- Der Mensch bleibt nach seinem Tod genau das, was er vorher war in Bezug auf seine persönlichen Eigenschaften und Stärken. Er wird sich in Verhältnissen wiederfinden, die seinen eigenen Gedanken und Wünschen entsprechen und die er dadurch in seinem Leben geschaffen hat.
- In Wirklichkeit sind wir nie getrennt von unseren Toten, da sie schon hier die ganze Zeit um uns sind. Wir besitzen nur nicht die Fähigkeit, sie zu sehen, da wir durch unser Bewusstsein begrenzt sind.
- So wie es auf Erden verschiedene Arten von Stoffen gibt, feste, flüssige und gasförmige, so gibt es auf der Astralebene verschiedene Zustände oder Dichtigkeitsgrade, die unserem Bewusstsein entsprechen. Deshalb erleben wir nach dem Übergang dieselbe Realität, die wir von der Erde her kennen, mit dem Unterschied, dass alle Umgebungen und Gegenstände, die erblickt werden, sich in schneller Bewegung befinden.
- Das Leuchten und die Farben jenseitiger Landschaften sind auf die Schwingungen, die sie zusammenhalten, zurückzuführen.

Die Todeserfahrung

Im Allgemeinen kann man von zwei Todesarten sprechen: friedliches Sterben oder ein gewaltsamer, plötzlicher Tod. Die Erfahrung des Todes ist für gewöhnlich weder unangenehm noch schwierig. Allerdings variiert sie von Fall zu Fall, da sie von der Gemütsverfassung eines Menschen abhängig ist, in welcher der Übergang vollzogen wird. Schon das Tibetische Totenbuch verweist auf die Wichtigkeit des Bewusstseins im Augenblick des Todes.

Wenn das Sterben auf natürliche und allmähliche Weise erfolgt, durch den Alterungsprozess oder längere Krankheit, zieht sich die Lebensenergie langsam zurück. Dieses hat zur Folge, dass die Gesundheit schwächer wird und es zu einem langsamen Versagen der Wahrnehmungsfähigkeit kommt. Wenn dann der letzte Atemzug getan wird, ist der Loslösungsprozess der Seele vom Körper abgeschlossen. Die gestorbene Person erkennt, was mit ihr geschieht. Dann tritt eine Art Bewusstlosigkeit ein, die innerhalb weniger Tage zu einem friedlichen Erwachen in neuen Lebensbedingungen führt.

Der Unterschied zwischen einem friedlichen Übergang, auf den man vorbereitet ist, und einem plötzlichen Tod ist gewaltig. Durch den Schock eines gewaltsamen Todes (Mord, Suizid, Unfall) wird die Anpassung der Seele an die neue Umgebung erschwert, wenn nicht für einige Zeit unmöglich. Die Betroffenen finden sich in einer phantastischen Traumwelt wieder, ohne eine Kontinuität des Erlebens. Lebhaftes Bewusstsein wechselt mit Bewusstlosigkeit. Es werden verwirrende Gemütszustände erlebt, da die meisten Menschen bei einem plötzlichen Tod darauf bewusstseinsmäßig nicht vorbereitet sind. Heftigste Gefühlsaufwallungen stehen neben fliegenden, angstvollen Gedankenfetzen. Dann entsteht ein vages Gefühl von Identität aus dem Nichts. Erinnerungen des vergangenen Erdenlebens stellen sich ein und die Lebensrückschau erfolgt.

Wenn es zu einem plötzlichen, gewaltsamen Tod kommt, ist

die Bindung der Seele an den Körper noch so stark, dass der neue Geistkörper Zeit braucht, sich aus seinem physischen Zustand zu befreien. Die Seele irrt zwischen zwei Welten umher, da sie häufig nicht begreift, was mit ihr geschehen ist. Die Umgewöhnung wird durch Phasen der Bewusstlosigkeit ermöglicht. Flüchtige Eindrücke verschiedener Umwelten dringen ins körperlose Bewusstsein: Teilweise werden irdische Geschehnisse auf der Erde wahrgenommen. Man sieht Freunde und Angehörige, denen man zustrebt, weil sie vertraut sind, wobei die Anwesenheit nicht kundgetan werden kann.

Dann wechselt die Szenerie und Fragmente der geistigen Welt werden wahrgenommen. Das kann zu einem völligen Durcheinander des Wesens führen, weil seine geistigen Sinne noch nicht richtig funktionieren. Schließlich stabilisiert sich der Geistkörper und das Gewahrwerden eines realen Umfeldes wächst. Was hier beschrieben wird, ist ein Zwischenzustand, der mit fürchterlichen Qualen einhergehen kann. Wenn allerdings verstanden wird, sich der Hilfe anwesender Geistwesen zu bedienen, kann einem plötzlich Hinübergegangenen vieles von diesem Albtraum erspart bleiben.

Wichtig in diesem Zustand ist es vor allem, die Emotionen unter Kontrolle zu halten, da diese zu einer wild bewegten Flut von Bildern und Eindrücken im Geist führen, deren Inhalte unzusammenhängend und widersprüchlich sind. Ganz langsam endet diese Konfusion und der neue Körper passt sich den veränderten Umweltbedingungen an.

Insofern ist das Wissen um die Vorgänge nach dem Tod für jeden Menschen überaus wichtig, da es uns nach unserem Tod hilft, das Geschehen besser zu begreifen und dadurch die Anpassung an die neuen Lebensumstände leichter zu vollziehen. Es kann überdies verhindern, dass ein Geistwesen jahrelang oder gar jahrhundertelang ziellos in erdnahen Astralregionen umherwandelt, ohne zu begreifen, dass es gestorben ist.

Bei einer friedlichen Todeserfahrung erfolgt in einem kurzen Zeitraum ein Erwachen in den neuen Lebensbedingungen. Der Tod ist eine Geburt in die geistige Welt. Wenn er im Bewusstsein ruhiger, sicherer Unvermeidlichkeit vollzogen wird, verläuft er ohne Schmerzen und Qualen.

In diesem Zusammenhang sei darauf hingewiesen, dass viele der offensichtlichen Nöte auf dem Sterbebett vom Sterbenden nicht mehr bewusst erlebt werden, da sich seine Lebenskräfte bereits zu einem größeren Teil aus der sterblichen Hülle zurückgezogen haben.

Dem Tod folgt ein Zustand von Bewusstlosigkeit, der einige Zeit andauert, bis daraus ein Selbst-Gewahrwerden erwächst. Während dieser Spanne kommt es zur Rückschau auf das vergangene Leben.

Lebensrückschau

Der Rückblick auf das vergangene Leben erfolgt in einem Zwischenzustand von Bewusstlosigkeit und Wachheit. Der Geist weitet sich, um von innen heraus die Hintergrundmuster des abgeschlossenen Erdenlebens zu erkennen. Wir werden mit den Wirkungen unserer Gedanken, Worte und Handlungen konfrontiert. Unverstellt blicken wir der eigenen Wahrheit über uns selbst ins Gesicht und wir sehen die Ereignisse, die durch unsere Gedanken und Ideen ausgelöst wurden.

Im Leben sind wir oft beschränkt in unserer Sichtweise der Dinge: durch unseren Körper, durch Ängste und Emotionen und äußere Schwierigkeiten, sodass wir die Folgen unserer Pläne und Handlungen nicht ermessen können. Wir täuschen uns nicht nur in uns selbst, sondern weichen auch häufig von unserem eigentlichen Ziel ab. Da durch den Tod ein Zustand von Bewusstseinserweiterung erreicht wird, weitet sich der Geist im Jenseits in einer solchen Weise, dass wir imstande sind, alle Seiten eines Problems zu erkennen, sobald wir unsere Aufmerksamkeit darauf richten.

Wir sind nun, was wir denken, was leider nicht ein nur positiver Zustand ist.

Natürlich fürchten sich viele Verstorbene davor, die Folgen ihrer Absichten und ihre Fehler zu sehen. Deshalb lassen sich viele nach ihrem Übergang Zeit, bis sie bereit sind, das vergangene Leben auf der Erde nachzuerleben. Sie stecken in ihrer Weiterentwicklung fest und bleiben in der untersten, erdgebundenen Sphäre.

Das ist auch nach dem Tod die freie Wahl.

Bei der Lebensrevision erscheinen in den Tiefen der Seele zwei Entwürfe oder Pläne, die sich sogar materialisieren, damit sie besser wahrgenommen werden können. Der eine Entwurf ist die Idee oder der Plan, mit dem sich der Geist inkarniert hat. Das andere ist das Ergebnis, das Resultat des Lebens, wie es tatsächlich gelebt wurde.

Für viele ist es ein Schock, wie sich die beiden Lebenskonzepte voneinander unterscheiden. Wir erkennen, wie wenig wir von dem getan haben, was wir hätten tun sollen, wie oft wir falsch gehandelt haben, wo wir glaubten, es richtig zu machen, und wie oft wir Menschen verletzt haben, ohne es zu bemerken. Wie ein Film läuft das ganze Leben vor uns ab: Wir stehen vor unserem eigenen Gericht, da wir über uns selbst urteilen müssen. Wir sind Angeklagter, Richter und Geschworener zugleich.

In der Rückschau sind wir gezwungen, die Dinge, die wir getan haben, in direkter Weise zu erfahren und nachzuempfinden. Nun können wir nicht länger den Standpunkt des anderen ignorieren, dem wir Unrecht taten, und wir müssen hautnah an uns selbst erfahren, was der andere bei dieser Gelegenheit fühlte, weil wir es nun selbst erleiden müssen.

Das ist die Verantwortung, die jeder von uns auf Erden für seine Taten und Verhaltensweisen trägt. Es ist nach dem Tod eine der schwierigsten Aufgaben, mit unseren eigenen Missetaten ins Reine zu kommen. Wenn wir einem anderen Leid zufügen, kommt es letztlich auf uns zurück, weil wir den Kummer des anderen noch einmal durchleben werden.

Das Buch «Zeugnis des Lichts», das durch telepathisch übermittelte Kundgebung einer Verstorbenen entstand, gibt einen Einblick in die ersten Stationen der abgeschiedenen Seele im Jenseits. Vor allem über die Lebensrückschau wird viel Wissenswertes vermittelt. In diesem Beispiel geht es um einen führenden Nazi, der zwanzig Jahre in der Welt der Schatten verweilte, weil er in seiner eigenen Schuld gefangen war. Als er sich seiner Grausamkeit bewusst wird, ist er von Reue erfüllt. Er kommt nun in eine Art Krankenhaus.

«Der Raum war dunkel und finster und ganz anders als unsere gewöhnlich hellen und sonnigen Räume. Schwaden düsteren Zwielichtes schienen darin zu lasten. Nur langsam konnten wir erkennen, dass da *etwas* auf dem Bett lag. Ich sah schnell weg von dem abstoßenden Anblick ... Die Augen waren geschlossen. ‹Er meint, er sei blind›, flüsterte Mutter Florence. Er ist es natürlich nicht, aber das Licht hier ist noch zu hell und blendend für seine Augen. Er klagt, dass es ihn blind gemacht habe ... Er ist zu uns gekommen, damit er geheilt und fähig werde, sich selbst ins Gesicht zu sehen und über seine Taten zu urteilen, wenn er aus der schrecklichen Qual der Finsternis erwacht.»[33]

Wenig später wird angemerkt, dass sich im Nebenzimmer eine junge Frau befindet, die eines seiner Opfer war. «Sie war durch ihren tiefen Hass an ihn gebunden. Wenn er genügend geheilt ist, müssen sie einander gegenübergestellt werden und Vergebung, Verständnis und Nächstenliebe lernen.»[34]

Das ist eine realistische Illustration der Solidarität in der gesamten Menschheit und ein Beweis dafür, dass jede Tat sowohl das Ganze als auch die einzelnen Teile in Mitleidenschaft zieht. Wir sind alle eins und im Leben doch weit entfernt davon, diese einfache Aussage auch nur ansatzweise zu verstehen, geschweige sie zu praktizieren.

Das Prinzip von Ursache und Wirkung, von Handlung und Konsequenz führt in der Vergegenwärtigung zu der bitteren Erkenntnis, dass Vergangenes nicht ungeschehen gemacht werden kann.

Ein Mann beispielsweise, der im Krieg unter dem Vorwand militärischer Notwendigkeit einen Mann ermordet hat, durchlebt nicht nur die körperlichen Qualen seines Opfers noch einmal, sondern auch dessen Verzweiflung, Gewissensbisse und zerrissene Gefühle. Nicht nur die Verursachung des Leidens wird erlebt, sondern ebenfalls die Auswirkung wird in ihrem ganzen Ausmaß erfasst. Das ist der Anteil des Soldaten an diesem Leiden.

Jeder, der nicht erdgebunden bleiben will und sich auf andere Bewusstseinsebenen des Jenseits entwickeln will, durchläuft diese Art der Läuterung. Dieser Zustand entspricht dem, was die katholische Kirche als *Fegefeuer* bezeichnet. Wir ernten, was wir säen. Die Absicht ist ausschlaggebend, die hinter unserem Leben steht. Je mehr wir die grundsätzlichen geistigen Gesetzmäßigkeiten schon zu unseren Lebenszeiten beherzigen, je weniger Leid und Qualen werden wir als Folge auf uns nehmen müssen.

Man vermag sich vielleicht nun vorzustellen, was die größeren Übeltäter oder Diktatoren der Geschichte erwartet. Früher oder später wird bei jedem der Prozess der Läuterung einsetzen. Sie werden in ihrer Entwicklung unvermeidlich von Angesicht zu Angesicht mit ihren Verbrechen konfrontiert, der man in ihrer schmerzvollen Weise nicht entrinnen kann.

Das ist der Ausgleich und Gottes Gerechtigkeit, da wir selbst unser eigener Richter sein werden. Man mag sich fragen, ob Adolf Hitler nicht heute noch mit seiner Lebensrückschau beschäftigt ist angesichts der Vielfalt qualvoller Konsequenzen seines Lebens.

Manche bleiben in ihrer Entwicklung stecken, wenn sie erkennen, dass sie Gefangene ihres eigenen Selbst sind. Wer aber bereit ist, sich helfen zu lassen und seiner eigenen Wahrheit schließlich ins Gesicht blicken kann, kommt auf eine höhere Ebene des Bewusstseins, die seinem Seelenstand entspricht.

Später arbeitet sich der Geist Stück für Stück durch seine Erdenerfahrungen. Diesmal ist ein Geistwesen dabei. Es spendet Kraft, Frieden und Ruhe und hilft mit liebevollen Unterweisungen. Das reinigt und bringt neue Hoffnung. Keiner kann in seiner Entwicklung weitergehen, bis er das Licht gesehen hat. Andere wiederum sind weit fortgeschritten und wandern – buchstäblich – mühelos durch die vielen unterschiedlichen Ebenen des Jenseits.

Je weiter sich unser Bewusstsein ausweitet, je fähiger werden wir, immer feinere Bereiche zu erkennen und die Materie hinter uns zu lassen. Mehr Licht ertragen zu können bedeutet mehr Ausdehnung. In diesem stetigen und langsamen Prozess bewegen wir uns immer weiter von unseren begrenzten irdischen Vorstellungen weg. Diese würden uns in der weiteren Entwicklung nur behindern. Stattdessen nähern wir uns dem Licht und der Weisheit.

Bevor eine Seele aufsteigen kann in die ihr gemäßen Bereiche des Jenseits, trennt sich der Ätherkörper vom Astralleib. Die Äthersubstanz ist der Hauptträger des irdischen Erinnerungsvermögens. Er muss deswegen zurückgelassen und abgestreift werden, was in der Regel drei Tage dauert, bis diese Trennung von den übrigen Wesensanteilen vollzogen ist. Es bestehen natürlich große Unterschiede zwischen den einzelnen Erfahrungsqualitäten, was ihre Dauer und Natur betrifft. Die geistige Welt macht in vielen Kundgaben darauf aufmerksam, dass wir uns helfen lassen sollten und Vertrauen und Gelassenheit den Vorgängen gegenüber entwickeln können.

Unser Leben ist unzerstörbar. Wir alle sind als lebendige Seelen in einen endlosen Prozess eingebunden, in dem sich Geburt und Tod vereinen zu zwei Aspekten des gleichen Vorgangs. Wenn wir durch die Pforte des Todes gehen, wird ein physischer Körper zurückgelassen. Alle übrigen Wesensanteile werden mit hinübergenommen.

Wenn der Übergang dann vollzogen ist, kommt es zu einem vollständigen Erwachen in der geistigen Welt.

In einer Durchgabe heißt es bei Jane Sherwood: «Als ich danach schließlich wieder erwachte, fühlte ich deutlich, dass mein Körper sich wesentlich verändert hatte. Er war nicht länger mehr gebrechlich und hinfällig, sondern gekräftigt, vital und zu allem bereit, ganz so, als sei ich plötzlich in meine Jugendzeit zurückversetzt worden. Gespannte Erwartung hielt mich gepackt, es war, als müsse jeden Moment etwas geschehen. Ich war hellwach, fähig, meinen Zustand voll und ganz zu begreifen, und war es zufrieden, tief in mich selbst hinabzutauchen. Die Gedanken kehrten nach innen und bewegten sich mit verblüffender Schnelligkeit. Sie durchjagten das Protokoll einer langen Lebensspanne.

Es geschah im blendenden Lichtkegel eines Scheinwerfers, der gnadenlos jede Verfehlung, jede kleine Sünde und Schwäche ausleuchtete, alles vollkommen unparteiisch erhellend, so als hielte jemand ein altes, abgetragenes Kleid ins Licht, an welchem er nun zu seiner großen Bestürzung die Risse und Flecken bemerken musste.

Diese durchdringende, klare Flamme der Erinnerung zeigte mir die wahre Natur der Dinge *und bewirkte gleichzeitig die Loslösung von ihnen*. Ich blickte auf die Angelegenheiten meines Lebens zurück, als trüge ich nicht länger mehr irgendeine besondere Verantwortung für sie. Ich begriff: Es war nur wichtig, klar zu erkennen, wo ich gefehlt und wo ich richtig gehandelt hatte. Was ich zu sehen bekam, stimmte mich traurig und kleinmütig genug, bis ich endlich mit einem tiefen Seufzer der Ergebenheit und Akzeptanz meine Gedanken anderen Dingen zuwenden konnte.»[35]

Dann erwacht der jenseitige Berichterstatter in der klaren Luft eines sonnigen Berghanges. Er fühlt sich nun frisch und erneuert und ist von Licht und Schönheit umgeben. Er fühlt sich glücklich wie noch nie und die ganze Umgebung kommt ihm sehr vertraut vor.

Er versinkt in Ekstase und Anbetung angesichts des großen Ganzen, in das er wieder geboren wurde.

«Ich gab mich ganz dem reinen Entzücken hin, das ein Mensch empfindet, dessen Sinne Nahrung im Überfluss erhalten. Diese Schönheit war nicht irdischer Natur. Licht lag auf allen Dingen und strahlte gleichzeitig aus ihnen heraus, sodass allem um mich herum intensives Leben entströmte. Die Schönheit, die dem Gras, den Bäumen und Blumen zu Eigen war, erhellte sie gleichsam von innen heraus, sodass die Seele atemlos verharrte vor diesem Wunder an Vollkommenheit ... Die Luft selbst war Licht; etwas wie das Lebenselement selbst war in ihr spürbar, und atmete man sie ein, verbrannte sie die letzten erstickenden Dünste der Erde aus dem Gedächtnis des Körpers.»[36]

Nun wird der Neuerwachte in der jenseitigen Welt von anderen Geistwesen begrüßt.

Gedankenkraft

Der Gedanke ist der Ursprung aller Dinge in der irdischen wie auch in der feinstofflichen Welt. Kein Wesen im ganzen Universum kann irgendein Ding erfinden oder herstellen, ohne dass ein schöpferischer Gedanke vorausgegangen ist.

Die astrale Welt ist eine Welt der schnellen und feinen Schwingungen. Der Neuankömmling braucht nur etwas denken und es wird augenblicklich Wirklichkeit. Alle gewünschten Dinge können durch einen Vorstellungsakt in Existenz gebracht werden. Diesen Zusammenhang wird jede Seele früher oder später erkennen.

Essen und Trinken sind nun zur Erhaltung des Lebens nicht mehr notwendig. Das Lebenselixier für den feinstofflichen Körper ist das Licht, welches alles durchleuchtet. Zwar ist es möglich, sich Speisen und Getränke oder auch Zigaretten und Alkohol zu erschaffen und sich einzuverleiben, aber letztlich sind dieses erdgebundene Wünsche, die nur, wenn überhaupt, auf den untersten Ebenen der geistigen Welt den Anpassungsprozess verzögern würden. Im Laufe des geistigen Entwicklungsprozesses erkennt jede Seele, dass der feinstoffliche Leib der irdischen Genüsse nicht weiter bedarf.

Nach dem Übergang ist es das häufigste Verlangen, vorangegangenen Freunden und Angehörigen zu begegnen. Eines der Grundgesetze der astralen Welt ist es, dass nur Wesen gleicher Schwingung, das heißt gleicher Gedanken- und Gefühlsausrichtung, sich einander nähern können.

Schon im Erdenleben ist dies nicht anders. Wir fühlen uns von Menschen abgestoßen oder angezogen, ohne erkennbare logische Ursache. Wir haben die Wahl, Ablehnung und Distanz auszudrücken oder Harmonie und Verständnis. Das sind Naturgesetze des Lebens, in dieser wie in der anderen Welt. Insofern werden wir den Menschen begegnen, mit denen uns Liebesenergie verbindet, nicht aber unseren *Feinden*, es sei denn, wir wünschen dieses.

Jedes lebende Wesen wie auch jeder Gegenstand befindet sich in einem Zustand von Schwingung (Vibration). Das gilt für den Stein und die Pflanze, das Tier oder den Menschen. Während unseres Lebens sind die meisten nicht imstande, diese alles durchdringenden Schwingungen wahrzunehmen. Die moderne Quantenphysik hat diese Grundtatsache des Lebendigen bestätigt: Es gibt kein letztes Teilchen in der Natur. Alles Sein entwickelt sich von der Dichte seiner materiellen Substanz in immer feinere Schwingungsebenen, bis diese für wissenschaftliche Messungen nicht mehr fassbar sind. Das heißt aber nicht, dass es nicht mehr existiert.

In der geistigen Welt ist die Schwingung der Astralmaterie so hoch, dass Gedankenwellen eines Wesens genügen, um den Astralstoff zu formen und zu färben, da dieser sofort auf Gedankenimpulse und Vorstellungen reagiert. Das ist der eigentliche

Grund, warum ein vorgestelltes Wunschbild sofort Wirklichkeit wird. Die Welt, in der wir nach dem Tode leben werden, wird die sein, die wir uns kraft unserer Gedanken vorstellen oder wünschen. Wir *sind* unsere Gedanken.

Gedankenimpulse sind somit für die unterschiedlichen Ebenen der geistigen Welt ausschlaggebend. Auch die Zwischenwelten oder Orte der Schatten sind darauf zurückzuführen.

6. Kapitel

Das Leben in der geistigen Welt

In diesem Kapitel erfahren Sie

- **vom Fortleben nach dem Tod**
- **wie die Bewohner des Jenseits aussehen**
- **wie die geistige Welt beschaffen ist**
- **von der Verbundenheit mit allem Wissen**
- **vom Vorhandensein und dem Aufbau der unterschiedlichen Jenseitsebenen**
- **wie die moderne Bewusstseinsforschung viele Berichte bestätigte**

Das Fortleben nach dem Tod

In den großen Religionen wird angenommen, dass die Seele den Tod überlebt, wobei Unsterblichkeit voraussetzt, dass es eine Seele gibt. Wenn diese Realität akzeptiert wird, können wir uns zu Recht fragen, wohin die Seele des Menschen nach seinem Tod geht und wie das Leben in der nichtphysischen Welt beschaffen ist.

Die Fähigkeit der außersinnlichen Wahrnehmung beim Menschen ist in den vergangenen Jahrzehnten ausreichend dokumentiert worden.

In einem Laborversuch der Universität von Arizona wurde unlängst nachgewiesen, dass ein Medium tatsächlich mit einem Toten kommunizieren kann.[37] Die Forscher hatten die Medien beauftragt, Informationen über Verstorbene, die ihnen nicht bekannt waren, zu erfragen. Das Ergebnis war, dass bis zu 93 Prozent der erfragten Informationen richtig waren! Wenn eine solche Kommunikation möglich ist, dann ist die Existenz des Fortlebens nach dem Tod bewiesen und auch das Vorhandensein der menschlichen Seele.

Diese Tatsache ist an sich nichts Neues. Die Sterbeforschung der letzten dreißig Jahre hat bei der Untersuchung der Nahtoderfahrungen herausgefunden, dass Bewusstsein unabhängig vom menschlichen Gehirn existiert. Ansonsten wäre es für Menschen in Todesnähe nicht möglich – die sich bewusstlos an einem bestimmten Ort wie Krankenhaus, Unfallstelle etc. befanden –, konkrete Beschreibungen von Situationen abzugeben, die sich woanders zugetragen haben und die außerhalb der Reichweite ihres Körpers waren.

Zahlreiche Medien auf der ganzen Welt stellen Kontakte zu Verstorbenen her, wobei die erhaltenen Informationen häufig so intim und konkret die Anwesenheit der Toten dokumentieren, dass auch in diesem Bereich zahlreiche Beweise für ein Überleben des Geistes eines Menschen vorliegen. Es besteht eine wechselseitige Beziehung zwischen Diesseits und Jenseits.

Viele Millionen Menschen auf dieser Welt haben Kontakt mit verstorbenen Angehörigen. Die Toten lassen die Lebenden wissen, dass das Leben nach dem Tod weitergeht, dass sie um uns sind und wie dieses Leben beschaffen ist. Ein Ich-Bewusstsein der Verstorbenen besteht weiter und sie existieren weiterhin als Wesenheit. Trotz dieses Wissens, das wir heute über das Leben nach dem Tod haben, sind sich recht wenige Menschen wirklich dieser Tatsache bewusst.

Die Tatsache der Ewigkeit und Unsterblichkeit des Menschen hat die geistige Sprengkraft, das Leben aller Menschen entscheidend zu verändern.

Wenn sich Verstorbene bei uns melden, wollen sie uns mitteilen, dass sie weiterleben:

«Ein etwa 65-jähriger Mann verlor seine Frau durch eine unheilbare Krebserkrankung. Er war wie betäubt und konnte mit dem Verlust der Ehefrau nicht fertig werden. Er wollte *wissen*, dass sie weiterlebt, und er meldete sich bei einem Medium. Am Abend vor der Sitzung gab es eine Demonstration eines Mediums vor großem Publikum. Während der Veranstaltung wurde der Mann persönlich angesprochen, und das Medium beschrieb konkret seine Frau.»

«Eine meiner Seminarteilnehmerinnnen erklärte, dass sie ihren verstorbenen Mann neben sich gehen spürte. Sie sah ihn nicht mit ihren Augen, aber sie war sich ganz sicher, dass er neben ihr war.»

Diese und ähnliche Zeichen oder Indizien für die Anwesenheit von Verstorbenen ereignen sich tausendfach tagtäglich irgendwo in Deutschland. Manche Verstorbenen warten auch auf die Gelegenheit, mit uns durch ein Medium Kontakt aufzunehmen. In ihrer zeit- und raumlosen Welt wissen sie, wann ein bestimmter Kanal dafür zur Verfügung steht.

Die Bewohner des Jenseits

Was nun aber wissen wir vom Leben im Jenseits? Was machen wir dort, womit beschäftigen wir uns? Aus den vorliegenden Jenseitsberichten lässt sich eindeutig entnehmen, dass wir durch Telepathie miteinander kommunizieren: «Ich befand mich auf einem Platz von atemberaubender Schönheit, die zeit- und raumlos war, mit unglaublichen Farben ... Ich schwebte über der Szene und sah, wie körperlose Wesen auf mich zukamen. Mein Bewusstsein erweiterte sich und wir kommunizierten auf telepathische Weise.»

Das bedeutet, dass jeder die Gedanken und Motive des anderen sofort erkennt und weiß, was der andere denkt, was ihn beschäftigt, was er braucht.

Die wichtigste Grundlage der Existenz im Jenseits ist die Möglichkeit des persönlichen Wachstums hin zu mehr Erkenntnis und Bewusstseinserweiterung. Eine Betroffene konstatiert: «Ich glaube wirklich, dass Gott uns irgendwie durch die Talente, die wir hier auf Erden besitzen oder entwickeln, auf unsere Aufgabe im Jenseits vorbereitet.»

Ein Seminarteilnehmer sagte: «Freundschaften werden im Himmel so intensiv, dass wir anderen Menschen dabei helfen können, Gefühle von Eifersucht, Habgier und Negativität zu überwinden.»

Viele erleben schon während ihres Übergangs, dass sie von ihren verstorbenen Angehörigen abgeholt werden: «Ich wurde persönlich von meiner Mutter abgeholt und durch einen langen dunklen Gang geführt. Mir wurde ein Gefühl von vollkommener Freude und Liebe vermittelt.»

Neuankömmlingen wird beim Übergang immer geholfen. Auch wenn wir jung sterben, als Baby, Kind oder Jugendlicher, und nicht die Möglichkeit hatten, hier auf Erden Erfahrungen und Wissen anzusammeln, können diese im Jenseits komplettiert werden. Es gibt eine Kontinuität zwischen diesem Leben und dem nächsten. Da unsere besonderen Begabungen und Kenntnisse im spirituellen Wachstum bestehen bleiben, nehmen wir diese mit in die andere Dimension. Andererseits erfüllen Verstorbene die spirituellen Bedürfnisse der noch lebenden Menschen.

Eine hellsichtige Krankenschwester, die viele Sterbende begleitet hat, berichtete, dass diese von ihren toten Verwandten abgeholt werden und dass die Toten uns in Zeiten von Last und Not ein Gefühl von Frieden, Sicherheit und Trost vermitteln. Auch durch Träume, Ahnungen und Visionen treten sie mit uns in Verbindung.

Eine Frau sagte mir in einem Gespräch: «Meine Mutter ist tot. Doch in meinen Krisen sagte sie mir oft, wie ich mich richtig verhalten kann.» Bei einer Situation in Todesnähe begegnete sie sogar ihrer Mutter. Diese gab ihr zu verstehen, dass sie in ihr Leben zurückkehren müsse.

Eine wichtige Aufgabe der Bewohner der geistigen Welt ist also offensichtlich, uns in schwierigen Phasen unseres Lebens zu trösten und uns den Übergang von diesem Leben ins nächste zu erleichtern. Sie intervenieren manchmal sogar in unserem Leben, um uns in sinnvollere Richtungen zu lenken oder uns vor einer Gefahr zu warnen.

Viele Verstorbene lassen ihre Anwesenheit nach dem Tod den Hinterbliebenen spüren oder fühlen; manche nehmen durch die innere Stimme oder kurze Erscheinungen direkt Kontakt mit uns auf.

Topographie des Jenseits

Nach unserem Übergang treffen wir diejenigen unserer Freunde und Verwandten wieder, denen wir geistig nahe stehen. Zunächst haben wir ein Leben, das sich noch an irdischen Lebensgewohnheiten orientiert.

Hans Holzer schreibt: «Es baut auf den Erinnerungen, Gewohnheiten und emotionalen Reizen auf, die sich während des Erdenlebens angesammelt haben. Allmählich jedoch erwirbt man neues Wissen, sieht sich und die Welt um einen herum mit anderen Augen und legt unnötigen Ballast ab.»[38]

Nun fragen sich viele Menschen, wie die Verstorbenen denn aussehen. Wir ähneln dem Aussehen während unseres Lebens. Viele Verstorbene kehren aussehensmäßig sofort wieder in die besten Jahre ihres Lebens zurück. Diese Verwandlung erfolgt freiwillig und wird vom Individuum selbst kontrolliert. Das Jenseits ist eine auf Gedanken basierende Welt, wo sich unsere Vorstellungen und Sichtweisen direkt manifestieren. Wenn jemand einen jugendlichen *Körper* haben will oder sich gar Kleidung vorstellt, die er tragen will, erfüllt sich dieser Wunsch sofort.

Paula, deren Sohn Jimmy mit zwölf Jahren an Leukämie gestorben war, beschreibt ihren Sohn, wie er ihr erschien: «Plötzlich stand Jimmy am Bett und lächelte über das ganze Gesicht. Ich sah ihn von Kopf bis Fuß. Es war nichts Vergängliches an ihm. Er trug ein gestreiftes T-Shirt und blaue Shorts. Man bemerkte überhaupt nichts von seiner Leukämie! Er hatte eine Menge Haare, was merkwürdig war, denn am Ende seines Lebens hatte er nicht mehr viele gehabt. An der Kopfseite, an der er operiert worden war, gab es keine Narbe.»[39]

Die Verstorbenen sind nach ihrem Tod frei von Schmerzen und Begrenzungen des physischen Körpers.

Hanna berichtet von ihrer Mutter: «Als Erstes fiel mir auf, dass sie normal gehen konnte. Zehn Jahre vor ihrem Tod hatte man ihr beide Beine oberhalb der Knie amputieren müssen. Mutter hatte ihre beiden Beine wieder. Sie ging direkt auf mich zu ... Sie sagte: ‹Mach dir keine Sorgen um mich, ich bin glücklich!›»[40]

Eve, deren Mann Pete mit 59 Jahren an Krebs verstarb, erzählt von ihrer Begegnung: «Pete trug seine beste Uniform mit Orden und Mütze. Er sah mindestens 20 Jahre jünger aus. So wie früher, bevor er krank wurde. Er sah wunderbar aus, stark und gesund, als wäre er nie auch nur einen Tag krank gewesen.»[41]

Solche und ähnliche Berichte von Kontakten mit Verstorbenen liegen in den Annalen der Sterbeforschung millionenfach vor. Auf die eine oder andere Weise sind sie der Trost, dass unsere Verstorbenen weiterleben. Jeder hat nach seinem Tod die Möglichkeit, seinen Horizont zu erweitern, da ein Aufstieg im geistigen Sinn erforderlich ist. Es gibt zahlreiche Einrichtungen: Bibliotheken, Schulen, Veranstaltungen, Konzerte, die dem Zweck dienen, sich weiterzubilden.

Unzählige Menschen berichten über eine Erfahrung, wo sie mit allem Wissen verbunden waren: Gewesenes, Gegenwärtiges und Zukünftiges verschmelzen sich zum Einssein mit allen Dingen: «Ich wurde in einen weiteren Saal geleitet, der etwa wie eine Bibliothek aussah. Er wirkte auf mich wie eine Sammlung von Wissen, doch ich sah keine Bücher. Auf einmal spürte ich, wie mir Dinge einfielen und ich von Wissen über Themen erfüllt wurde, über die ich schon lange nicht mehr nachgedacht hatte oder die mir vielleicht noch gar nie in den Sinn gekommen waren. Da erkannte ich, dass ich mich in einer Bibliothek des Geistes befand.»[42]

Die Verbundenheit mit allem Wissen

«Im ganzen Raum waren lange Reihen von Bänken aufgestellt, und jenes strahlende Licht ließ alles erglänzen und sich wie Liebe anfühlen ... Der Ort erinnerte mich an einen wunderbaren Vortragssaal ... Jetzt wusste ich mit größerer Gewissheit als jemals zuvor, dass dies ein Ort des Lernens war. Ich würde in Wissen eingetaucht und in einer Weise unterrichtet werden, wie ich nie zuvor unterrichtet wurde. Es würde keine Bücher und kein Auswendiglernen geben. In der Gegenwart dieser Lichtwesen würde ich zu Wissen werden und alles erfahren, was wichtig zu wissen war.»[43]

In vielen Nahtoderfahrungen wird von einer Art Schule berichtet, wo alles Wissen und alle Informationen direkt auf die Betroffenen einströmten. Viele Erfahrene weisen darauf hin, dass unser herkömmliches Vokabular von Schule, Ort des Lernens oder Bibliothek eigentlich nur ein schwacher Abglanz von dem ist, was wirklich erlebt wird.

Eine Frau berichtet: «Nach meiner Erinnerung hat diese Sache stattgefunden, als ich den Lebensrückblick schon hinter mir hatte. Es war, als ob mit einem Schlag alles Wissen – über alles, was seit dem Urbeginn jemals geschehen ist und was immer und ewig weitergehen würde – es war, als ob ich für eine Sekunde alle Geheimnisse sämtlicher Zeiten verstanden hätte, alle Rätsel des Universums, die Sterne, den Mond – einfach alles.»[44]

Manche berichten sogar davon, das Sonnensystem und die Galaxien hinter sich gelassen zu haben und Gott geworden zu sein: «Plötzlich war ich nicht mehr ich selbst. Das Einzige, was ich sagen kann, ist, dass ich mit GOTTES Augen sah. Plötzlich wusste ich, warum jedes Atom war, und ich konnte alles sehen ...»

«Ich erhielt mehr als nur Antworten auf meine Fragen; alles Wissen entfaltete sich vor mir, wie das gleichzeitige, plötzliche Aufblühen einer unendlichen Anzahl von Blumen.»[45]

Die klare Erinnerung an den Augenblick der Verschmelzung

mit allem Wissen bleibt dem Zurückgekehrten jedoch verwehrt. Das Vergessen ist ein immer wiederkehrendes Element von Nahtoderfahrungen.

Lichtstädte und Landschaften

Jenseitige Lichtstädte und unvorstellbar schöne Landschaften sind von den Reisenden an der Grenze zum Tod immer wieder beschrieben worden. Sie vermitteln dem aufmerksamen Leser einen Eindruck davon, wie das Jenseits beschaffen ist und wie es aussieht. Solche Angaben finden sich auch in den Aufzeichnungen von Rückführungstherapeuten.

Yolande Eck berichtet: «Ich kam in einen Garten, der in wunderschönen Farben schillerte. Er war pastellfarbig ... Ich befand mich in einer Welt von Farbe, die im Grunde Vibrationen waren ... Da der Garten lichterfüllt war, suchte ich nach einer Sonne oder einer anderen Lichtquelle, aber wohin ich auch schaute, stand ich im Licht selbst.»[46]

Eine junge Seminarteilnehmerin erzählte mir, dass sie sich im schönsten Garten befunden habe, den sie je gesehen habe. Sie fühlte sich niemals vorher so von Liebe erfüllt und hörte klar und deutlich himmlische Musik und Töne. Sie sah eine Vielfalt von lebendigen Pflanzen mit unvorstellbaren Farben, die sie auf Erden noch niemals gesehen hatte.

Durch einen Unfall gelangte ein Mann in die jenseitige Welt: «Die Landschaft war mit Gras bedeckt; so lebendig und grün leuchtend, dass man es nicht beschreiben kann. Die Bäume erschienen aus einem mir fremden Material. Dann erinnerte ich mich, dass mir all dieses bekannt vorkam. Ich war in meiner eigentlichen Heimat, und alles war rein. Eine alles durchdringende Vibration umfasst alles Lebendige hier, was die Dinge ewig macht.»

Für derlei Erlebnisse lassen sich millionenfache Beweise in der Sterbeforschung finden. Klienten von Dr. Whitton, der Patienten in das Leben zwischen den Leben zurückführte, berichten Ähnliches: «Ich sehe prächtige Paläste und wunderschöne Parkanlagen. Ich bin umgeben von abstrakten Formen verschiedenster Größen, einige länglich, einige zylindrisch … Alles ist unglaublich schön. Es gibt keine materiellen Dinge, und doch ist alles da … Kirchen und Schulen, Bibliotheken und Spielplätze … Mit meinem Führer begann ich, in diese Welt hinüberzugehen, die einer Mittelmeerlandschaft glich. Es war ruhig, maßvoll und friedlich … Ich nahm ein sanftes, goldenes Leuchten wahr, das aus dem Inneren von Räumen drang.»[47]

Hinter all diesen Beschreibungen steht die Anwesenheit einer starken geistigen Kraft, die Harmonie ist. Die Welt nach dem Tod ist erfüllt von Frieden und Schönheit. Musik und harmonische Klänge, lebendig leuchtende Farben, die es auf Erden nicht gibt, sind integrale Bestandteile.

Bewusstseinsforschung

Die moderne Bewusstseinsforschung hat ebenfalls umfangreiches Material zutage gefördert mit so genannten transpersonalen Erfahrungen. Das sind Erlebnisse von Menschen, deren Bewusstsein sich über die Grenzen des Körper-Ichs ausgedehnt hat und Grenzen von Raum und Zeit überschreitet. Viele erlebten sich an anderen Orten und zu anderen Zeiten. Einige wurden mit früheren Leben konfrontiert.

Vor allem bei den psychedelischen Forschungen von Stanislav Grof und Timothy Leary kam es durch die Gabe von LSD zu außersinnlichen Wahrnehmungen. Wie bei den Todesnäheerlebnissen werden Begegnungen mit Verstorbenen oder Geistwesen berichtet. Andere erlebten kosmische Bewusstseinszustände und verbanden sich mit dem ganzen Universum. Es wird auch von dem Aufgehen in der Urleere, welche alle Existenz und alles Sein im Kern enthält, berichtet.

Das Verlassen des Körpers und die Reisen in geistige Welten

haben vielen Sterbenskranken die Gewissheit geschenkt, dass das Bewusstsein über das physische Ende hinaus andauert.

Es zeigte sich, dass vorausgegangene LSD-Erfahrungen, besonders das Sichaufgeben und das Verlassen des eigenen Körpers, in der realen Sterbesituation sehr hilfreich war. Die psychedelische Droge wirkt als chemischer Schlüssel, welcher die Pforten der Wahrnehmung und des Bewusstseins zu öffnen vermag. Es sei zum besseren Verständnis angemerkt, dass bei den psychedelischen Forschungen LSD unter klinischen Bedingungen verabreicht wurde. In den späten sechziger Jahren wurde diese Art der Forschung verboten. In keiner Weise sind diese wissenschaftlichen Forschungen mit dem heutigen allgemeinen Drogenmissbrauch zu verwechseln.

Bestimmte Motive und Themen tauchen in den Jenseitsvorstellungen aller Zeiten immer ähnlich auf, unabhängig von ethnischen oder religiösen Gruppierungen. Einheitlich ist die Vorstellung von der Fortexistenz des Bewusstseins nach dem Tod. In psychedelischen und meditativen Zuständen sowie in spontanen Visionen werden Bilder von Himmel und Hölle erfahren. Ebenso berichten Patienten mit akut psychotischen Schüben von Todes- und Wiedergeburtserlebnissen. Sie erzählen von Begegnungen mit Dämonen, Heiligen, Engeln und Geistführern, haben Visionen vom Göttlichen Gericht und werden eins mit Gott. Deswegen werden Psychosen manchmal auch als spirituelle Krisen betrachtet. Stanislav Grof sieht in all diesen Erlebnissen veränderte Bewusstseinszustände.

«Erst jetzt erkennen wir, dass diese Vorstellungen und Mythen von Gott, Himmel und Hölle nicht als physische Entitäten, zeitliche Ereignisse oder geographische Orte gemeint sind, sondern als psychische Realitäten während veränderter Bewusstseinszustände. Diese Realitäten gehören unabdingbar zum Wesen der menschlichen Persönlichkeit und lassen sich nicht unterdrücken oder verleugnen, ohne die Qualität des Lebens ernsthaft zu schädigen. Wir müssen sie anerkennen und erforschen und dabei können uns die bildlichen Darstellungen des Jenseits behilflich sein.»[48]

Spirituelle Erlebnisse sind eine wichtige Kraft im Leben eines Menschen, da sie zu innerem Wachstum führen. Selbst psychische Krisen mit pathologischen Begleiterscheinungen können zu einer geistigen Öffnung führen. All dieses hat zur Folge, dass eine Zunahme des öffentlichen Interesses an Themen wie Tod, Spiritualität, Karma und Wiedergeburt zu beobachten ist. Das mechanistische und materialistische Weltbild, wonach Bewusstsein als Produkt des Gehirns angesehen wird, gerät ins Wanken.

Nun wollen wir uns der Frage nach dem Jenseits zuwenden und wie das Leben nach dem Tod aussehen könnte. Hypnose- und Rückführungstherapeuten sind in den vergangenen dreißig Jahren bei ihren Klienten in das Leben zwischen den Leben eingedrungen. Auch hier ist von verschiedenen Jenseitsebenen die Rede. Nahtoderfahrungen haben uns gezeigt, was mit uns geschieht, wenn wir sterben. Ein Teil dieser Erlebnisse führt ebenfalls in jenseitige Bereiche.

Berichte aus dem Reich der Toten liegen uns vor allem von zahlreichen Medien vor.

Medialität

In den Annalen des Spiritismus gibt es seit langem sich immer wieder bestätigende Jenseitsschilderungen. Kontakte mit Verstorbenen hat es zu allen Zeiten in der Geschichte gegeben. Als Medialität bezeichnet man die Fähigkeit eines Menschen, eine Verbindung zu anderen Daseinsebenen, die den gewöhnlichen Sinnen nicht zugänglich sind, herzustellen und so möglicherweise mit sonst unsichtbaren und unhörbaren Wesen in Kontakt zu treten. Medialität steht im Zusammenhang mit Telepathie (Gedankenübertragung) und Hellsehen. All diese Fähigkeiten werden auch als Sensitivität bezeichnet.

Die außersinnliche Wahrnehmung, auch unter dem Begriff *Hellsichtigkeit* bekannt, ist heute am meisten erforscht. Dabei werden räumlich oder zeitlich entfernte Dinge, Personen und Vorgänge visuell wahrgenommen. Hellsehen umfasst eine Rückschau in die Vergangenheit oder eine Vorschau auf die Zukunft. Medialität kann aufflackern und wieder vergessen werden, sie kann Jahrzehnte ruhen und dann in Erscheinung treten, und sie kann systematisch geschult werden. Sie ist keine leicht zu tragende Gabe und ist stark abhängig vom persönlichen Niveau eines Mediums, von der Fähigkeit, kritisch und selbstkritisch zu beobachten und zu beurteilen.

Die mediale Fähigkeit ist bei den Betroffenen häufig unerwünscht, obwohl sie bei den meisten Medien schon im frühen Kindesalter auftritt. Erlebnisse von Menschen mit medialer Naturanlage, aber ohne irgendwelche Schulung, folgen keiner Regel oder Wahrscheinlichkeit. Die jenseitige Kontaktperson kann von irdischer Seite her nicht ausgewählt werden. So kann es auch bei erfahrenen Medien immer wieder zu unerwünschten und überraschenden Kontakten mit Jenseitigen kommen.

Es gibt auch Medien, die sich in einen Trancezustand versetzen, wobei die Seele des Mediums den Körper verlässt und durch den Geist eines Verstorbenen ersetzt wird. Der Geist spricht dabei durch den Mund des Mediums mit seiner früheren Stimme. Eine häufig vorkommende Kommunikation mit Verstorbenen erfolgt über automatisches Schreiben. Wobei die Hand des Schreibenden von einer geistigen Kraft gelenkt wird.

Die unterschiedlichen Jenseitsebenen

Die unsichtbare Welt gliedert sich in viele verschiedene Seinszustände, die von der Erkenntnisfähigkeit des menschlichen Geistes abhängig sind. Nach dem Übergang in die Welt des Geistes kann nur an jenen Zustand angeknüpft werden, in dem das irdische Leben abgeschlossen wurde. Der Grad des erreichten Bewusstseins ist ausschlaggebend, wo und auf welcher Ebene die Seele platziert wird.

Die Bibel dokumentiert das Jesuswort: «In meines Vaters Haus sind viele Wohnungen»[49], in dem auf die unterschiedlichen Ebenen verwiesen wird. Die verschiedenen Seinszustände manifestieren sich in verschiedenen Ebenen, wobei die höheren Sphären für die Bewohner der niederen unzugänglich und unsichtbar sind.

Die jenseitige Welt ist eine Welt der Gedanken. Jede Vorstellung eines Verstorbenen manifestiert sich direkt in Form und Gestalt. Die erlebte Realität entspricht den Vorstellungen, Denkhaltungen und Erwartungen, die eine Seele vom Jenseits hat. Insofern gibt es eine Vielzahl von selbst geschaffenen Realitäten, wobei diese keine Auskunft geben über die umfassendere Wirklichkeit der geistigen Welt. Das Problem bei vielen der heute vorliegenden Jenseitsschilderungen ist es, dass sie aus ebendiesen subjektiven Realitäten von Wesenheiten berichten. Hinzu kommt dann auch noch die subjektive Wahrnehmung eines Mediums, das durch seine persönlichen Begrenzungen eingeengt ist. Mit anderen Worten: Viele Beschreibungen von Seinsebenen berichten jeweils nur einen winzigen, fragmentarischen Ausschnitt dessen, was «Jenseits» genannt wird.

Die meisten Schilderungen Abgeschiedener stammen aus den unteren Bereichen der Zwischenwelt und der Wunschwelt. Aus den höheren geistigen Sphären gibt es nur ganz wenige Mitteilungen. Die objektive Wirklichkeit der jenseitigen Welt ist überdies für die Menschen nur schwer fassbar.

Vielfach ist in der Jenseitsforschung und ihrer Literatur von sieben Sphären die Rede. Davon berichten schon die Veden und die alten Perser. Diese Einteilung wurde auch von den Rosenkreuzern, den Theosophen, Anthroposophen sowie zahlreichen Medien bestätigt.

Der Myers-Report

Eine der glaubwürdigsten Beschreibungen jenseitiger Ebenen stammt von Frederic Myers. Er war ein Universalgelehrter und starb 1901. Zwanzig Jahre nach seinem Tod meldete er sich mittels verteilter Botschaften («Cross-Correspondence») durch automatisches Schreiben bei verschiedenen Medien, die sich untereinander nicht kannten. Erst die später zusammengefügten Texte ergaben einen Sinn. Die Durchgaben gingen bis Anfang der fünfziger Jahre. Das Medium Arthur Ford zitiert den Myers-Report in seinem «Bericht vom Leben nach dem Tode».

Frederic Myers beschreibt sieben Hauptstadien des Lebens nach dem Tod, jedes Stadium mit seiner eigenen Eintrittsphase, Periode der Entwicklung und Periode der Vorbereitung auf die nächsthöhere Stufe:

Stufe 1: Augenblick des Todes.
Stufe 2: Zwischenregion oder Hades.
Stufe 3: Region der Illusion.
Stufe 4: Region der Farbe oder Welt des Eidos.
Stufe 5: Region der Flamme oder Welt des Helios.
Stufe 6: Region des Lichtes.
Stufe 7: Zeitlosigkeit oder Formlosigkeit.

Die Abfolge der unterschiedlichen Ebenen des Jenseits soll im Folgenden in einem größeren Gesamtzusammenhang beschrieben werden. Auf den Augenblick des Todes wurde schon an anderer Stelle eingegangen.

Die Zwischenregion oder der Hades

Der Hades ist das Reich des niedrigsten nach dem Tod möglichen Bewusstseins. Er gilt als Unterwelt, Welt der Schatten, und wird in den Mythologien der Völker als «Hölle» bezeichnet. Die Geistwesen in diesem Bereich bringen lange Zeit, manchmal Jahrhunderte, in einem komatösen, schlafähnlichen Zustand zu. Diese armen Seelen sind im Übergang stecken geblieben und sind für Spukphänomene oder Besessenheit verantwortlich. Sie sind erdgebunden, obwohl ständig versucht wird, ihnen zu helfen und sie ins Licht zu führen. Es ist die eigene Wahl. Menschen mit Nahtoderfahrungen berichten gelegentlich von diesen finsteren Regionen des Jenseits.

Der nächsthöhere Zustand ist Bewusstsein ohne Sinneswahrnehmungen. Es wird als Leere, Dunkelheit oder Nebel beschrieben. Diese Wesen nehmen die eigentliche Realität des Jenseits nicht wahr, da ihr Bewusstsein wenig ausgeprägt ist.

Die nächste Ebene der Unterwelt sind die erdgebundenen Geister, die sich vor allem in der materiellen Welt aufhalten. Sie halten sich bei bestimmten Personen oder an bestimmten Orten auf und sind an diese gebunden. Wut und Rachsucht, unerledigte Geschäfte jeder Art sind die Gründe dafür. Es wird ihnen lange nicht bewusst, dass sie gestorben sind.

Im Verhältnis sind von diesen unteren Ebenen nur eine Minderzahl von Seelen betroffen.

Die Ebene der Illusionen

Die meisten lebenden Menschen kommen direkt nach ihrem Tod in das Reich der Illusionen. Von vielen Autoren wird sie auch als Wunschebene bezeichnet, da die Welten, die der Geist dort vorfindet, eine direkte Abbildung irdischer Verhältnisse widerspiegeln.

Da sich nach unserem Tod unsere Gedanken unmittelbar manifestieren, erfüllt sich jeder Wunsch sofort. Selbst sexuelle Neigungen, Süchte jeder Art und sonstige sinnliche Wünsche können befriedigt werden. Hier finden sich die menschlichen Vorstellungen vom Himmel. Diese Ebene ist aber auch nur ein Bewusstseinszustand. Gleiches zieht Gleiches an und viele Seelen leben in kleinen Gruppen zusammen, wo sie sich ihre eigenen Welten einrichten. Die Bewohner leben in einer atemberaubend schönen Umgebung, in herrlichen Landschaften und können alle Tätigkeiten ausüben, die ihnen zu Lebzeiten etwas bedeutet haben. Jeder Wunsch kann dort durch unmittelbare Imagination sofort befriedigt werden und es wird dafür kein Geld benötigt, was allerdings nicht jedem zusagt. Die meisten heute vorliegenden Berichte über das Jenseits stammen aus dieser Ebene. Die Schilderungen entsprechen dem Bewusstseinszustand der Betroffenen. Für viele Seelen ist diese Sphäre eine Art Orientierungsphase und Anpassung an die Verhältnisse der geistigen Welt. Da die so geschaffene Welt davon abhängig ist, inwieweit die Vorstellungskraft des Individuums reicht, kann es so viele Welten geben, wie es Seelen gibt. Das erklärt die Unterschiede zwischen den postmortalen Schilderungen zahlreicher Medien.

Dennoch: Dieser Welt scheinbarer Wunscherfüllung sind Grenzen gesetzt. Irgendwann stellt sich ein Gefühl von Unzufriedenheit ein. Die Wesen möchten sich weiterentwickeln im Gegensatz zum Traumland. Hier zeigt sich der eigentliche Sinn der dritten Ebene: die Erkenntnis, die schöpferischen Wünsche und Möglichkeiten auf dem weltlichen Niveau durch geistigen Fortschritt und inneres Seelenwachstum zu ersetzen, um in der Seelenentwicklung weiterzukommen. Der Einzelne kann wählen, ob er zur vierten Ebene aufsteigen will, oder es bietet sich ihm die Wahlmöglichkeit der Wiedergeburt.

Das Problem der Wiedergeburt und die heutige Überbevölkerung resultieren nach meiner Ansicht daraus, dass zu viele Seelen in ihrer Gesamtentwicklung nicht über die Wunschsphäre hinausgekommen sind. Sie drängen sich in Scharen immer wieder auf die Erde, da sie ihre erdwärts gerichteten Wünsche nicht ablegen können.

Die Region der Farbe

Jenseits der dritten Seinssphäre liegen die höheren Ebenen, deren Schilderung Myers für fast unmöglich hält. Sie liegen jenseits menschlicher Erfahrung, und es fehlen die Worte, um sie zu skizzieren. Die vierte Ebene ist die Welt der vergeistigten Form. Alle starren intellektuellen irdischen Dogmen und Strukturen werden hier überwunden. Wer diesen Seinsbereich erreicht, hat jedes Verlangen nach dem irdischen Dasein verloren. Das Bewusstsein ist intensiv und die Welt dieser Region ist von unbeschreiblicher, strahlender Schönheit. Der Geist lernt hier die Beherrschung der Form. Dazu benutzt er Substanzen, Licht und Farben, die auf der Erde unbekannt sind. Seine Aufgabe ist es, Formen zu erschaffen, die von unübertrefflicher Schönheit sind. Die sich entwickelnde Seele soll alle Möglichkeiten der Form erleben, damit sie sich endgültig aus der Erdgebundenheit lösen kann. Die letzten Reste von Emotion und Feindlichkeit werden abgestreift. Die eigentliche Erkenntnis für die Seele besteht darin, wie der Geist alle Energie und Lebenskraft, die Quellen aller äußerer Erscheinungen, steuert.

Die Ebene der Flamme

Auf der Ebene des Feuers erforscht die Seele das Universum außerhalb der Erde. Diese Seelen sind vollendet und erhalten eine Art Flammenkörper, mit dem sie beliebig durch das Universum reisen können. Die Seele kann sich nun frei im Weltraum bewegen, alle Galaxien durchstreifen und die entferntesten Bereiche des gesamten Universums materieller oder geistiger Natur bereisen.

Die Region des Lichtes

Nach vielen Jahrhunderten der Entwicklung ist die Seele nun so weit, Materie und Form hinter sich zu lassen. Sie ist jetzt in der Lage, als weißes Licht zu existieren, ohne Form zu sein, als reiner Gedanke.

Ein Teil Gottes sein

Die Sphäre des göttlichen Lichtes ist für den Menschen unbeschreibbar. Es ist das Ziel und die Sehnsucht jedes Menschen, eines Tages voll und ganz in dieses göttliche Licht einzugehen als Individualität, die wir immer waren und immer sein werden.

Auf dieser höchsten Seinsstufe sind wir nicht nur jenseits der Zeit, sondern auch außerhalb des Universums in Formlosigkeit. Wir werden eins mit Gott, was unbeschreibliche Dauerekstase bedeutet.

Myers' sehr ausführliche Darstellung des Lebens nach dem Tod deckt sich oft weitgehend mit anderen Jenseitsbeschreibungen.

Rudolf Steiner, der Begründer der Anthroposophie, war ein Mann mit einem direkten Zugang zur geistigen Welt. Seine Hellsichtigkeit war so weit geschult, dass er sogar die Akasha-Chronik lesen konnte. Sie ist das Buch des Lebens, in dem in der geistigen Welt unsere verschiedenen Leben, Gedanken, Worte und Taten gespeichert sind. Die Wissenschaft des 20. Jahrhunderts ignorierte die Erkenntnisse Steiners, während die Anthroposophen ihn allzu dogmatisch vereinnahmten. Sein umfangreiches Schrifttum enthält zahlreiche Bände über nachtodliche Zustände. Er beschreibt in seiner Geheimlehre ähnliche geistige Zustände wie Myers:

«Das erste Gebiet ist gewissermaßen das feste Land der geistigen Welt, das zweite das ‹Meeres- und Flussgebiet› und das dritte der ‹Luftkreis›. Das vierte Gebiet des Geisterreiches ist die ‹Welt der Gedanken›. Die fünfte Region wird mit Licht beschrieben, das in seiner ureigensten Gestalt sich als offenbarende Weisheit darstellt.»[50]

Die höheren Sphären des Jenseits werden für den Menschen unzugänglich. Wer die höchste Sphäre des Jenseits erklommen hat, geht ins göttliche Licht ein; er wird nicht zurückkommen! Durch viele Inkarnationen hat derjenige so viel begriffen, erfahren, gelernt und sich geläutert, dass seine Existenz ein völlig anderes Niveau erreicht hat. Die Sphäre des göttlichen Lichtes ist unbeschreibbar. Deswegen ist die Erhaltung des Ich-Bewusstseins nach dem Tod überaus wichtig. Auch dazu dient das unmittelbare Lebenspanorama, wo das Leben wie ein Film abläuft. Man sieht sich im Mittelpunkt, sieht das Leben vom Gesichtspunkt des Ich aus und woran wir beteiligt waren.

Rudolf Steiner schreibt dazu:

«Denn man verdankt die Kraft, das Ich festhalten zu können, zwischen dem Tod und einer neuen Geburt, diesem Anschauen des letzten Lebens; von dem geht diese Kraft eigentlich aus ... insbesondere ist da der Moment des Sterbens von außerordentlicher Bedeutung!»[51]

Diese Erkenntnis stärkt und kräftigt die Seele so, dass sie zwischen Tod und neuer Geburt immer weiß: «Ich bin ein Ich!»

In seiner «Autobiographie eines Yogi» beschreibt Paramhansa Yoganada eine Begegnung mit seinem verstorbenen spirituellen Lehrer Sri Yukteswar und befragt ihn nach den jenseitigen Ebenen.[52] Auch dieser Bericht aus der asiatisch-indischen Kultur weist eine ganze Reihe von Ähnlichkeiten mit anderen Berichten auf. So finden wir zum Beispiel die finsteren Regionen, welche Seelen mit einem niederen Bewusstseinszustand erfahren, die Beschreibung des Himmels, also der verschiedenen Astral- und Kausalebenen, den Hinweis auf Karma und Wiedergeburt sowie die feinste und höchste Stufe, auf welcher das Wesen jenseits aller Form eins wird mit dem Göttlichen!

Auch das Tibetische Totenbuch berichtet unterschiedliche Zwischenzustände («Bardos») als unterschiedliche Jenseitsebenen. Es gibt darüber hinaus eine Vielzahl von unterschiedlichen Quellen und Berichten, die das oben Gesagte bestätigen.

Der Zyklus des Lebens

Der Mensch ist also keineswegs ein Endzustand von Entwicklung, sondern ein Durchgang, bis wir irgendwann jenseits materieller Verkörperung angesiedelt sind. Wir sind nach dem Myers-Report sozusagen «Götter in Vorbereitung». Diese Entwicklung führt uns durch alle Formen des Daseins: vom Mineral zur Pflanze, von der Pflanze zum Tier, vom Tier zum Menschen und vom Menschen zum Göttlichen. Es gibt einen grundsätzlichen Sinn des Universums. Vor sieben Jahrhunderten schrieb der persische Mystiker Rumi:

«Ich starb als Mineral und wurde eine Pflanze;
Ich starb als Pflanze und wurde zu einem Tier.
Ich starb als Tier, und ich war ein Mensch.
Warum sollte ich mich fürchten? Wann war ich weniger nach dem Tod?
Doch einmal noch werde ich als Mensch sterben,
um aufzusteigen.
Mit seligen Engeln; selbst vom Engeldasein
Muss ich weiterziehen ...
Wenn ich meine Seele als Engel geopfert habe,
Werde ich das, was kein Geist bisher erblickt!»

Das englische Medium Joan Grant leitete genau dieselben Gedanken aus ihren übernatürlichen Erfahrungen ab und beschreibt die anfänglichen vier Phasen der menschlichen Entwicklung:

«Es beginnt mit gerade so viel Energie, dass sich ein einzelnes Molekül bilden kann. Da diese Energie wächst und sein Bewusstsein sich auszuweiten beginnt, braucht es höher entwickelte Formen, durch die es sich ausdrücken kann ... Wenn es zu komplex geworden ist ... und die mineralische Existenz es nicht mehr fassen kann, tritt es in das Pflanzenreich ein und steigt dann, durch eine Reihe von Wiedergeburten als verschiedene Tierarten, zu seiner ersten Verkörperung der menschlichen Rasse auf.»[53]

Der Zyklus allen Seins ist eine ständige Ausdehnung und Erweiterung des Bewusstseins, bis es schließlich mit allem Sein durchdrungen ist. Dann kehren wir in die Urkraft, die wir Gott nennen, zurück. Hier begann alle Entwicklung und zu Gott kehrt alles Sein zurück. Insofern ist das Menschenleben ein Entwicklungsprozess, bis der Mensch es gelernt hat, über die Ebene der Materie hinauszuwachsen.

Das berühmte «Seth-Material» von Jane Roberts bestätigt ebenfalls oben Gesagtes.

«Wenn man das materielle System nach den Wiedergeburten verlässt, hat man seinen Stoff gelernt – und man ist buchstäblich kein Mitglied der menschlichen Rasse mehr, da man sich entschieden hat, sie zu verlassen ... In höheren Systemen werden Gedanken und Gefühle automatisch und unverzüglich ... in die Materie übertragen, die ihnen am nächsten kommt. Daher muss der Stoff gut gelehrt und gelernt werden ... das Leben auf Erden ist ein Übungssystem für ein sich erweiterndes Bewusstsein.»[54]

Der Gedanke einer ständigen Bewusstseinserweiterung von den Mineralien, Pflanzen, Tieren bis hin zum Menschen und den daraus resultierenden unvorstellbaren Höhen eines gottähnlichen Bewusstseins wird durch die LSD-Forschung von Stanislav Grof gestützt. LSD kann Erinnerungsspeicher aktivieren, und wenn eine Versuchsperson mehrere Male LSD bekommen hat, gibt ihr Unterbewusstsein immer mehr in der Zeit zurückliegende Erinnerungen preis. Bei der Regression, unter Einwirkung der psychedelischen Droge, berichten Patienten nicht selten auch von Erlebnissen als Tiere, Pflanzen und Mineralien.[55]

Aus diesen Ausführungen kann der Schluss gezogen werden, dass Bewusstsein ein grundlegendes kosmisches Phänomen ist und dass es im gesamten Universum existiert! Es gibt keinen Tod – es gibt nur Leben als ewig fortschreitendes Bewusstsein.

7. Kapitel

Die Reise der Seele nach dem Tod

In diesem Kapitel erfahren Sie

- **was Rückführungstherapeuten über das Leben zwischen den Leben herausfanden**
- **von der Heimkehr der Seele in die geistige Welt**
- **was Klienten im Überbewusstsein von jenseitigen Zuständen mitteilten**
- **vom Schicksal geschädigter Seelen**
- **wie die Seelen auf der ihnen entsprechenden Ebene platziert werden**

In der jenseitigen Welt

Nachdem hier nun eine Beschreibung des Jenseits erfolgt ist, möchte ich im Folgenden der Reise einer Seele in die jenseitige Welt nachspüren. Verschiedenen Rückführungstherapeuten ist es in den vergangenen zwei Jahrzehnten nicht nur gelungen, ihre Klienten in die Abfolge verschiedener Inkarnationen zu bringen, sondern sie versetzten Patienten ins Überbewusstsein, wodurch ein direkter Zugang zur geistigen Welt erfolgte. Diese Erweiterung der Rückführung in das Leben zwischen den Leben bedeutete für die Klienten einen enormen Zuwachs an geistigem Wachstum: Die Entdeckung des eigenen Platzes in der geistigen Welt, von dem sie in diese Welt gekommen waren und zu dem sie zurückkehren würden, war für die Patienten hilfreicher und für ihr Leben wichtiger als herkömmliche Rückführungen.

Forscher und ihre Entdeckungen

Dem amerikanischen Hypnosetherapeuten Michael Newton gelang es zu Beginn der neunziger Jahre erstmalig, systematisch in das Überbewusstsein des Menschen vorzustoßen, in dem die

Erinnerungen an das Leben der Seele im Jenseits gespeichert sind. Dieses Überbewusstsein bzw. das «Höhere Bewusstsein» des Menschen ist der innerste Kern des menschlichen Geistes und vielleicht sogar die Seele selbst. Alles Wissen, was uns im Alltagsbewusstsein nicht zugänglich ist, scheint hier gespeichert zu sein.

Dr. Newton forschte zehn Jahre, bevor er sein gesammeltes Material veröffentlichte. Im Verlauf seiner Untersuchungen stellte sich heraus, «dass alle, sobald sie in ihren Zustand als Seelenwesen zurückgeführt worden waren, Fragen über die geistige Welt mit auffallender Übereinstimmung beantworteten. Sie brauchten sogar dieselben Worte und dieselben anschaulichen Beschreibungen in der Umgangssprache, wenn sie über ihr Leben als Seelen sprachen».[56]

Es zeigte sich überdies, dass Erinnerungen an die geistige Welt viel deutlicher als frühere Leben erinnert werden. Im Wesentlichen erfahren wir, was mit uns geschieht, wenn wir den menschlichen Körper endgültig abgestreift haben, und wie die Reise der Seele nach dem Tod verläuft. Wir erfahren über das Vorhandensein unserer immateriellen Seele, wie sie in Erscheinung tritt und wie sie funktioniert. Diejenigen, welche die Unsterblichkeit erlebt haben, kehrten unglaublich bereichert in ihren Alltag zurück und gewannen einen immensen Zuwachs an Kraft.

So stützen diese Forschungen die bereits besprochenen Kundgaben über das Jenseits, wie sie auch die Berichte von Nahtoderfahrenen bestätigen, die einen Einblick in jenseitige Verhältnisse erhalten haben. Im Prinzip bestätigen sich die Ergebnisse der Jenseitsforschung des gesamten 20. Jahrhunderts.

Dr. Newton ist nicht der Einzige, dem es gelang, das jenseitige Wissen seiner Klienten anzuzapfen. Schon in den achtziger Jahren veröffentlichte der amerikanische Professor für Psychiatrie Joel L. Whitton einen Forschungsbericht vom Leben zwischen den Leben.

Dr. Whitton war Mitte der achtziger Jahre einer der ersten

Therapeuten, der Einblicke in das Leben zwischen den Leben erforschte. Der Bereich zwischen den Inkarnationen, das Jenseits, ist unsere natürliche Heimat, die wir verlassen, um eine beschwerliche Reise in einem physischen Körper zu unternehmen.

Der bekannteste Erforscher des Phänomens der Reinkarnation ist Dr. Ian Stevenson. In seinen Fallbeispielen, die außerordentlich akribisch untersucht wurden, finden sich ebenfalls Berichte über das Leben in der geistigen Welt. Zahlreiche Personen «behaupteten, sie hätten nach ihrem Tode ihre physischen Körper unter sich liegen sehen und ihre eigene Beisetzung beobachtet. Viele von ihnen schildern auch, wie sie in der geistigen Welt von einem ‹weiß gekleideten Mann› begrüßt worden seien, der ihnen vor der nächsten Wiedergeburt ‹die Frucht des Vergessens› gereicht habe».[57]

Das Motiv des erzwungenen Vergessens vor dem Wiedereintritt in einen physischen Körper ist ein Thema in allen Religionen. Heilige Schriften und Mythen berichten übereinstimmend vom Leben zwischen den Inkarnationen. Die Seele verliert auf dieser Ebene jegliches Zeitgefühl und taucht in ein strahlendes Licht ein, wobei ein Panorama des vergangenen Lebens auftaucht. In Anwesenheit von Geistwesen wird das Leben von uns selbst bewertet.

Rudolf Steiner behauptet, dass das Fegefeuer der katholischen Kirche ein verzerrtes Abbild der ersten Phasen des Lebens im Jenseits darstelle, weil die Seele hier von allen Wünschen, Neigungen und Leidenschaften befreit werde. Die amerikanische Hypnosetherapeutin Dr. Edith Fiore berichtete schon 1978 von Versuchspersonen, die in den Bereich zwischen den Inkarnationen vorgedrungen waren. Diese haben dort reine Energie und Licht vorgefunden, andere berichteten von schönen Seen, herrlichen Landschaften und leuchtenden Städten. Immer wird auch von «Kommissionen» berichtet, die bei der Auswahl der nächsten Inkarnation behilflich waren.

Die massenhypnotischen Versuche von Helen Wambach ergaben, dass sich viele der befragten Versuchspersonen für eine Wiedergeburt entschieden, obwohl sie lieber im Reich des strahlenden Lichtes und der Liebe geblieben wären.

All diese wissenschaftlichen Forschungen zeigen auf, dass die alten heiligen Schriften Recht hatten, wenn sie erklärten, dass sich Erleuchtung nur nach langen und beschwerlichen Reisen durch viele Körper erreichen lässt. Die Seele, das innere Selbst, welches hinter den verschiedenen inkarnierten Persönlichkeiten steht, durchläuft einen langen Reinigungsprozess, bis sie in die höheren Ebenen der geistigen Welt eintreten kann und nicht mehr wiederkehrt. Die Wahrnehmung des Überbewusstseins wird von Dr. Whitton als beseligender Zustand benannt, es bedeutet die Befreiung von allen körperlichen Zwängen. Auch das Gefühl des Einsseins mit dem Universum wird immer wieder beschrieben. Es handelt sich bei diesen Schilderungen nicht um eine unbestimmte Leere, sondern um die Erfahrung einer absoluten Wirklichkeit als Ich-Identität.

Dem Psychiater Dr. Brian Weiss, heute einer der anerkanntesten Rückführungstherapeuten der Welt, gelang ebenfalls der Durchbruch in die geistigen Ebenen. So soll hier nun dem Weg einer Seele nach dem Tod nachgespürt werden.

Tod und Übergang

Die erste Erfahrung, die eine Seele nach ihrem vermeintlichen Tod macht, ist die, dass sie *nicht* tot ist. Frieden und Schmerzfreiheit stellen sich ein, die Seele fühlt sich lebendiger denn je. Sie nimmt die Angehörigen wahr, die um den toten Körper versammelt sind.

Die Todeserfahrung des Menschen wird im folgenden Beispiel verdeutlicht:

«Oh, mein Gott! Ich bin nicht wirklich tot – nicht wahr? Ich meine, mein Körper ist tot – ich sehe ihn unter mir – aber ich schwebe ... Ich kann hinunterblicken und sehe meinen Körper ausgestreckt im Spitalbett liegen. Alle um mich herum denken, dass ich tot bin, aber ich bin es nicht. Ich will schreien, he, ich bin nicht wirklich tot! Das ist so unglaublich ... die Krankenschwestern ziehen ein Tuch über meinen Kopf ... Menschen, die ich kenne, weinen. Die halten mich für tot, aber ich lebe noch! Es ist seltsam, denn mein Körper ist absolut tot, während ich mich von oben um ihn herumbewege. Ich lebe!»[58]

Es wird nun beschrieben, wie es sich anfühlt, die geistige Welt zu betreten. Die Berichte vom Übergang decken sich mit den außerkörperlichen Nahtoderfahrungen.

Die Klienten von Dr. Whitton und Dr. Newton beschreiben übereinstimmend, dass sie vom Ort des Todes weggezogen werden, einen Tunnel durchqueren und dann in ein Licht eintreten.

Die Seele kann sich frei bewegen, was für sie ungewohnt ist.

«... als ob ich in der Luft hänge, die keine Luft ist. Es gibt keine Begrenzungen, keine Schwerkraft. Ich bin ohne Gewicht. Nichts um mich herum ist eine solide Masse. Es gibt keine Behinderungen, an denen man sich stoßen kann.»

Der Übergang vollzieht sich durch eine Kraft, eine Art Stoß, die uns aus dem Körper zieht. Die Seele wird vom Ort des Geschehens wie magisch hingezogen in Richtung eines hellen Lichtes.

Blendendes Licht, ein überwältigendes Strahlen ist der vorherrschende Eindruck beim Eintritt in das Jenseits, gekoppelt mit einer vorher nie erlebten Bewusstseinserweiterung. Die Seele erlebt eine Ekstase sondergleichen, weil sie erkennt, dass Liebe alles ist.[59]

Die meisten Seelen haben nach ihrem physischen Tod nicht das Verlangen, weiter bei ihrem Körper oder den Angehörigen auszuharren. Sie akzeptieren ihren Tod und haben den Wunsch, weiter in die Schönheit der geistigen Welt einzudringen. Andere Seelen wiederum können nicht so leicht loslassen und bleiben bis zur Beerdigung in der Nähe ihres Körpers. Das trifft vor allem auf die Seelen zu, die einen plötzlichen Tod sterben, wie z. B. durch

Unfall oder Mord. Sie sind verwirrt oder wütend über ihren unzeitgemäßen Tod, was vor allem bei jungen Menschen häufig der Fall ist. Bei einem plötzlichen Tod ist die Anpassungsphase länger als normal.

Das Tor zur spirituellen Welt

Der Tunnel oder die Brücke, Wasser, Gebirgspass etc. stellen den Eingang oder Übergang in die geistige Welt dar.

Manche sehen diesen Tunnel direkt über ihrem Körper, andere erzählen, dass sie weit von der Erde wegschweben, bevor sie den Tunnel sehen. Am Ende des Tunnels wird ein Licht erblickt.

Wenn der Tunnel verlassen wird, stellt sich ein Gefühl von Ruhe und Frieden ein. Es ist ein ruhiger Ort, der von den Seelen betreten wird.

«Ich spüre die Kraft der Gedanken um mich ... Ich spüre Gedanken der Liebe ... Begleitung verbunden mit Gefühl, vom anderen erwartet zu werden. Ich verstehe, warum ich hier bin und wer ich bin. Es kommt mir vor, als würde ich durch Wolken schweben, die aber anders sind als auf der Erde. Es ist ein anderer Raum, wie im Weltraum zu sein, mit nichts auf der Erde vergleichbar.» Alle berichten übereinstimmend, dass sie sich gut fühlen, sobald sie den Tunnel verlassen haben. Viele sagen: «Oh, es ist wunderbar! Ich bin wieder zu Hause an diesem herrlichen Platz!»

Wie man die geistige Welt wahrnimmt, ist natürlich abhängig von der Entwicklung der Seele. Sehr hoch entwickelte Seelen bewegen sich sehr viel schneller aus ihrem Körper heraus und schweben ohne Umweg und Halt direkt in ihre spirituelle Dimension. Die meisten bewegen sich nicht so schnell und zögern oft auf ihrem Weg nach Hause. Die hochkriminellen Seelen, die ihren Körper nicht aufgeben wollen, und die jungen Seelen, die wenig Erfahrung mit dem Übergang haben, bleiben in Erdnähe.

Die durchschnittliche Seele ist dennoch häufig verwirrt, wenn sie aus dem Tunnel tritt, da sie nicht sofort begreift, wo sie sich befindet. Das liegt aber daran, dass sich die Seele noch in der Dichte der Erdnähe befindet («*Kamaloka*» nennen das die Theosophen).

Ein Beispiel hierzu aus dem Material von Dr. Newton: «Die Dinge sind in Schichten ... wie eine Torte ... ich sehe Schichten ... Lichtebenen ... sie scheinen durchscheinend zu sein ... gezackt ... aber ich sehe Unterschiede in der Dicke und der Farbreflexion in den Schichten ... es sind lauter Variationen von Weiß. Es ist heller ... strahlender dort, wo ich hingehe, als dort, wo ich herkomme.»[60]

Reisende in die geistige Welt berichten von entspannenden musikalischen Schwingungen und Tönen, die wie ein Echo wirken. Diese Geräuschwahrnehmungen beginnen bald nach dem Tod. Sterbende sprechen von summenden oder brummenden Tönen beim Verlassen des Körpers. Sobald der Tunnel verlassen wird, werden die Töne musikalischer und harmonischer.

Musik ist die Energie des Universums und revitalisiert die Seele. Das kennen wir schon aus unserem Leben. Die Schichten im obigen Beispiel stellen die unterschiedlichen astralen Ebenen dar, die von zahllosen Menschen im Laufe der Jahrtausende dank meditativer und außerkörperlicher Erlebnisse immer wieder beschrieben wurden.

Die astralen Ebenen werden wie eine Spirale immer durchlässiger und weniger fest. Sie entsprechen den unterschiedlichen Entwicklungsstadien der Seele.

Andere beschreiben den geschauten Raum als *unbegrenzt, friedlich, majestätisch.* Natürlich kann nicht jede Seele ihr irdisches Dasein sofort hinter sich lassen. Schon auf dieser Ebene sind geistige Wesen und Führer anwesend, die beruhigen und trösten.

Die Beschreibungen beruhen immer auf der individuellen Sichtweise der Dinge, die durch das Erdenleben geprägt ist. Deswegen finden sich in vielen Jenseitsbeschreibungen irdisch anmutende Darstellungen von Häusern und Landschaften. In diesen Jenseitsberichten erscheinen die Zustände in der geistigen

Welt wie eine Kopie des Erdenlebens. Nach langen Krankheiten wachen Menschen aus der Bewusstlosigkeit in krankenhausähnlichen Umgebungen auf, wo sie so lange liebevoll betreut werden, bis sie ihren neuen Zustand erkennen können.

Durch den Tod sind wir nicht allwissend geworden oder automatisch der eigenen Verantwortung für unser Tun auf der Erde entledigt.

Der Tod ist der Übergang in unsere geistige Heimat. Liebevolle geistige Wesen sind unmittelbar anwesend, aber wie jemand damit zurechtkommt, hängt von seiner seelischen Reife und Entwicklung ab. Insofern ist die Anpassungsphase entsprechend lang oder kurz. Auch die Todesumstände haben einen Einfluss auf die Dauer der Orientierungsphase. Besonders bei einem plötzlichen und unerwarteten Tod hilft der persönliche Geistführer dabei, wieder in die Balance zu kommen. Wir schweben nicht einfach frei und orientierungslos in der geistigen Welt herum, sondern werden von Verstorbenen, Seelenverwandten und liebevollen geistigen Führern erwartet.

Die Heimkehr

Nach dem Übergang treffen wir auf die Seelen, die unserer eigenen Entwicklung entsprechen. Das sind nicht zwangsläufig Eltern, Kinder, Geschwister oder Ehepartner. Was zählt, sind tiefe Seelenverbindungen. Die können aus früheren Leben oder anderen Aufenthalten in der geistigen Welt resultieren. Wir werden von Wesenheiten in Empfang genommen, die uns viel bedeuten. Wir können mit jeder gewünschten Person in telepathischen Kontakt treten.

Die physischen und mentalen Bindungen unseres Erdenlebens lösen sich nun auf:

- **aufgrund der empfundenen Harmonie in der geistigen Welt und dem Wiedererinnern, schon immer ein Teil von ihr gewesen zu sein,**

- **durch die überwältigende Erfahrung, all die Menschen wieder zu treffen, die man meinte, nie wieder zu sehen.**

Die Umgebung wird als «warm und tröstlich» beschrieben: «Ich bin erleichtert, von der Erde fort zu sein. Hier möchte ich für immer bleiben. Hier gibt es keine Spannung. Keine Sorgen. Nur ein ‹Sich-gut-Fühlen›. Ich schwebe ... wie wunderbar ... Das Gefühl von Vertrautheit stellt sich ein, weil man sich von Freunden umgeben weiß.»

«Ich sehe Lichter ... sanft ... die wolkenähnlich aussehen ... Sie werden größer ... konzentrierte Energieblasen ... und ich weiß, dass es Menschen sind ... Wir schweben aufeinander zu, aber ich bin langsamer als sie, weil ich nicht weiß, was ich tun soll ... Dann bilden sich halbierte menschliche Formen aus dem Nebel – von der Hüfte nach oben. Sie sind durchscheinend, ich sehe Augen. Die Augen sind überall um mich herum ... Sie kommen näher ... Es sind keine menschlichen Augen mit Iris und Pupille, sondern größere schwarze Augen, die wärmendes Licht ausstrahlen.»

Die durch Gedanken projizierten Bilder verwandeln sich nun in neblige Schatten, die sich in vorher gekannte Menschen verwandeln. In diesem Beispiel tritt Larry, der Mann der Klientin, aus ihrem vorangegangenen Leben hervor. Viele Leben türmen sich auf, vermischen sich. Die Ehemänner, die sie in ihren verschiedenen Leben geliebt hat, waren stets der gleiche Seelenfreund! Schließlich wird sie von ihrer Mutter und ihrem Bruder begrüßt.

Es gibt offensichtlich einen Plan, in welcher Form wir in der geistigen Welt willkommen geheißen werden, wobei sich das Empfangskomitee nach den spezifischen Bedürfnissen der Seele richtet, die gerade «nach Hause» kommt. Weit entwickelte Seelen bedürfen dieses Trostes oft nicht.

Auf der Reise der Seele nach dem Tod zu ihrem eigentlichen Bestimmungsort ist die Begegnung mit verstorbenen Verwandten oder Seelenfreunden auf dieser Station der Reise eine Empfangszeremonie und eine Anpassung an die Verhältnisse in der geistigen Welt. Unser Schutzengel arrangiert die Szenen liebevoll, auch wenn er nicht unmittelbar in Erscheinung tritt.

Auf der Erde erkennen wir einen Seelenverwandten dank einer Art Déjà-vu und des Lichtes, was sich in unseren Augen spiegelt. Das Gefühl stellt sich ein, dass man sich schon ewig kennt. In der geistigen Welt ist eine solche Begegnung viel direkter und unmittelbarer. Die Verbindung einer Seele zur anderen ist telepathischer Natur und nicht sprachlich! Es gibt aber dennoch Momente von Intimität durch Berührung.

«Wir halten uns ... es ist schön, wieder mit meiner Mutter vereint zu sein. Wir hüllen uns gegenseitig in Licht, was sich anfühlt, als wären wir in eine helle Lichtdecke eingewickelt. Es sieht aus, als würden sich zwei Energieelemente aus Licht um sich selber drehen.»

Die verirrten Seelen

Es gibt eine kleine Anzahl von Seelen, die derart geschädigt sind, dass sie aus dem Hauptstrom zurückkehrender Seelen ausgesondert werden. Man unterscheidet zwei Arten:

1. **Diejenigen, die nicht akzeptieren können, dass der physische Körper tot ist, und die aufgrund individueller Ängste nicht in die geistige Welt eintreten wollen. Diesen Typus kennen wir auch unter der Bezeichnung *Geister*, die einen unfreundlichen Einfluss auf Lebende ausüben (Besessenheit, Poltergeist). Aus dieser niederen Geistesebene beziehen viele skrupellose Magier die Kräfte, um andere zu schädigen. Es sind aber keine Dämonen, sondern unreife Geister, die mit ihren Lebenslektionen nicht zurechtgekommen sind. Echte höhere Wesen sind immer Heiler, sind harmonisch und versuchen niemals, jemanden zu verwirren, zu ängstigen oder gar zu zerstören.**
   Es ist die *freie Wahl* dieser Geister, zwischen der Erde und

der geistigen Welt zu verbleiben. Sie verbitten sich, dass ihnen ihre geistigen Führer zu nahe kommen. Sie versuchen weiterhin, negative Energie auf lebende Menschen abzustrahlen oder deren Energie anzuzapfen. Wenn sie bestimmte Einsichten gewonnen haben, werden sie auf die für sie vorgesehene geistige Ebene gebracht.

2. Der zweite Typus gestörter Seelen sind diejenigen, die ein hochgradig kriminelles und zerstörerisches Leben geführt haben. Diese Menschen fühlen sich von inneren Kräften getrieben, schlechte Dinge zu tun. Nicht selten sind sie psychisch gestört und sehen sich als Opfer unkontrollierbarer Mächte. Da es aber keine versteckte innere «böse Macht» in uns Menschen gibt, sind hochkriminelle Seelen nicht wirklich psychisch in ihrem Körper integriert und wähnen sich deshalb als Opfer der Umstände, d. h., sie fühlen sich von unsichtbaren Kräften zu ihren bösen Taten getrieben. Dennoch sind sie für ihre Taten selbst verantwortlich. In der blutigen Geschichte der Erde hat es und wird es immer Seelen geben, die andere zerstören und die unfähig sind, der menschlichen Grausamkeit zu entfliehen.

Negative Kräfte kommen aus uns selbst. Die zerstörerischen Impulse emotionaler Störungen behindern die Entwicklung einer Seele. Aufgrund ungelöster seelischer Traumata wird der Ausdruck der Seele verhindert und kann diese sogar an den Körper fesseln. Begierde, Suchtverhalten, Gewalt oder tiefes persönliches Leid sind die Folgen. Keine Seele ist von sich aus *schlecht*. Wenn wir die heutige Überbevölkerung, das Ausmaß der Gewalt in der Welt, die Drogenkultur und Süchte jeglicher Art betrachten, könnte der Schluss sein, dass wir mehr denn je fehlgeleitete Seelen auf der Erde haben. Andererseits führen die heutigen Zustände zu einem globalen Maß von Bewusstheit menschlichen Leidens, welche die Menschen in der Folge näher zusammenrücken lassen. Menschliches Leid ist immer auch ein Vehikel für seelisch-geistiges Wachstum.

Jeder tritt nach seinem Tod in die geistige Welt ein, aber jede Seele landet letztlich auf der Ebene, die ihrem Bewusstseinszustand entspricht. Schon das Tibetische Totenbuch, welches die unterschiedlichen Bewusstseinszustände nach dem Tod («Bardos» genannt) beschreibt, sagt aus, dass das Böse, das wir im Leben begangen haben, uns in geistige Isolation führt.

Gibt es also doch eine «Hölle»? Die Hölle ist ein Durchgangsort, der dem Bewusstseinszustand des Betroffenen entspricht. Es gibt keine «Hölle», wo Seelen für immer leiden müssen!

Alle Seelen kehren nach dem Tod in die geistige Welt zurück, wo jeder mit Geduld und Liebe behandelt wird. Dennoch werden die stark gestörten Seelen in der Phase der Orientierung von anderen Seelen getrennt, leben aber mit ihnen entsprechenden Seelenstrukturen zusammen. Hier arbeiten sie weiter an ihrer Entwicklung. Das ist keine Strafe, aber eine Art Fegefeuer, das der Erkenntnis des eigenen Fehlverhaltens und damit des Wachstums an seelischer Reife und Selbstbewusstsein dient. Doch dieser Zustand dauert keineswegs ewig – einige setzen ihre Reise in die geistige Welt fort. Viele bleiben in dieser Zwischenwelt stecken und kehren direkt auf die Erde zurück, um sich zu bewähren.

Die Seelenenergie kann niemals zerstört werden. Extreme Negativität wird durch viele Leben sozusagen korrigiert. Hier zeigt sich das zugrunde liegende Gesetz des Karmas. Wer sich an seinen Mitmenschen hochgradig vergriffen hat, wird in späteren Leben dadurch korrigiert, dass er selbst zum Opfer wird im karmischen Zyklus des Ausgleichs. Karma ist das *Ergebnis* positiver oder negativer Taten im Leben. Die so genannten Zufälle, die es ja nicht gibt, sorgen ebenfalls für Ausgleich des Karmas, welches uns die Lektionen zukommen lässt, die wir zu unserer seelischen Entwicklung benötigen. Wir beeinflussen unsere Zukunft im Leben durch unsere Gedanken, Worte und Taten im Hier und Jetzt.

Wir können den Verlauf unseres Lebens jederzeit dadurch korrigieren, indem wir notwendige Veränderungen vornehmen, Risiken auf uns nehmen, um zu neuen Ufern zu gelangen. Dadurch können wir die behindernde Angst überwinden, wodurch sich ebenfalls unser Karma verändert. Am Ende jeden Lebens, wenn uns der Lebensfilm vorgeführt wird, sind wir selbst unser eigener schwerster Kritiker. Spätestens jetzt wird uns die eigene Verantwortung für unser Leben bewusst! Es gibt keinen vorgeschriebenen Weg der Selbsterkenntnis. Wir haben den freien Willen, jeder lernt auf seine Weise.

Die Orientierungssitzung

Nachdem uns die Empfangenden verlassen haben, werden wir zu einem Ort der Heilung gebracht. Danach erfolgt in Anwesenheit des jeweiligen Geistführers die Lebensrückschau, ein weiterer Schritt des Wiedererinnerns und Wiederfindens der Orientierung in der geistigen Welt. Die Begriffe, die von den Klienten zur Beschreibung benutzt werden, wie «Ort» oder «Raum», dienen dem menschlichen Verständnis. Es bleibt anzumerken, dass es sich bei all diesen Beschreibungen um ein nichtphysisches Universum handelt.

Nachdem wir von den Angehörigen oder Seelenfreunden begrüßt worden sind, fühlen wir uns allein und durchqueren einen weiten Raum:

«Ich werde von einer Kraft geführt, die ich nicht sehe, in einem engeren Raum – durch eine Öffnung zu einem Platz von reiner Energie ... Ich gleite, schwebe hinein und sehe ein helles Strahlen. Es ergreift mich wie flüssige Energie, die sanft meine Seele berührt. Diese Energie ist das pure Leben. Sie saugt sich in mich hinein wie Feuer und ich werde von all meinen Verletzungen gereinigt ... Meine seelische Essenz wird gebadet nach meinem Dasein auf der Erde. Dieser Energieschauer heilt meine Seele, indem sie das Sein schlechthin berührt.»

Die Seele wird im Erdenleben durch den Körper geprägt, der emotionale Spuren hinterlässt. Diese Wunden der Seele werden im energetischen Heilungsbad und durch die Lebensrückschau geheilt. Wir behalten in der astralen Welt nur die Erinnerungen an die wichtigsten und emotional stärksten Erlebnisse in den unterschiedlichen Inkarnationen und Körpern.

Die Seele erfährt Heilung und Reinigung vom Erdenleben und wird ins Licht geführt, das sie durchdringt und viel von dem Negativen des letzten Lebens wegwäscht. Der gesamte Prozess dient dazu, sich wieder «ganz» zu fühlen. Wenn dieser Vorgang durchlaufen ist, führen wir ein Gespräch mit unserem geistigen Führer. Das Heilungs-Energiebad ist nur eine Vorstufe für die Wiederherstellung der heimkommenden Seele.

Die so erfrischte Seele sieht sich nun im Beisein ihres Geistführers den Lebensfilm an. Dadurch wird weiterer irdischer Gefühlsballast abgeworfen. All diese Vorgänge gehören zur Phase der Anpassung und Orientierung in der astralen Welt.

Unser Geistführer weiß alles über unsere Lerngewohnheiten, unsere Stärken, Schwächen und Ängste. Hier gibt es keine Ausflüchte und Täuschungen mehr. Wer nicht bereit ist, mit seinem Schutzengel zusammenzuarbeiten, bleibt so lange in seiner Entwicklung stehen, bis er den Wunsch nach Bewusstseinserweiterung verspürt.

Diese Phase des Übergangs findet in Räumen statt, die aus dem eben vergangenen Leben bekannt sind. Die Gedanken der Seele erzeugen dieses irdisch erscheinende Interieur. Wir sollen getröstet sein und uns wohl fühlen.

Jeder muss sich seinem Lebensrückblick stellen. Bei den hoch entwickelten Seelen erfolgt dieser jedoch nicht in der Phase der Orientierung, denn sie schweben direkt in den für sie vorgesehenen Bereich ihrer geistigen Heimat.

Fakt ist, dass die schmerzhaften Erinnerungen des gerade abgeschlossenen Lebens nicht so schnell abgelegt werden wie der Körper. Wir müssen das Negative eines Lebens erkennen – möglichst ohne gestörte Wahrnehmung, die durch die seelischen Wunden entstanden ist.

Im Verlauf von vielen Sitzungen gelang es Dr. Newton, direkt mit den Geistführern zu kommunizieren, die dann durch die Klienten Informationen über den Ablauf der Lebensbetrachtung gaben.

Viele fragen dabei ihren Geistführer, warum er zugelassen habe, dass sie sich von der eigentlichen Lebensaufgabe entfernt haben und Irrwege gegangen sind. Wir erfahren, dass er sich keinesfalls in jeden Lebensabschnitt einmischt. Jede Seele weiß in ihrem Inneren von ihrer Bestimmung des jeweiligen Lebens. Wir haben einen freien Willen, wir wissen, dass Gedanken, Worte und Taten Konsequenzen haben. Wir selbst entscheiden darüber, ob wir unser wahres eigentliches Selbst leben und zum Ausdruck bringen wollen oder ob wir uns von den Umständen leiten lassen, die nicht selten in eine Sackgasse führen. Die geistige Welt versucht uns über die Intuition zu erreichen, durch Gedanken, die uns warnen und mäßigen, damit wir vom eigentlichen Ziel unseres Lebens nicht abgelenkt werden.

Sturheit und Blindheit den Eingebungen gegenüber lassen dann irgendwann keine Alternative mehr zu und die Konsequenzen unserer Handlungen treten unweigerlich ein.

In der Hypnose kann es zu Blockaden kommen, wenn die geistige Welt es zu einer bestimmten Zeit nicht für richtig hält, dass sich jemand an frühere Leben oder das Leben zwischen den Leben erinnert. Die Erinnerung wäre der Entwicklung des Menschen zu diesem Zeitpunkt abträglich. Menschen, die erfolgreiche Rückführungen unternehmen, ist *bewusst*, dass irgendetwas aus der Vergangenheit ihre Entwicklung hemmt.

Wenn die Zeit kommt, wird die Seele über alle materiellen Bedürfnisse triumphieren und uns mit Vehemenz daran erinnern, warum wir hier sind. Auch über die Intuition, durch Gebete, Meditation und Ähnliches tut sich dieses Bedürfnis nach Veränderung oder Erkenntnis der eigentlichen Lebensaufgabe kund. Wenn dann die Seele in die geistige Welt zurückkehrt, lösen sich die Umstände, die sie im Leben am Wachstum gehindert haben, in Gedankenklarheit auf.

Die Prüfung für eine Seele, die sich inkarniert, besteht darin, mit den widerstreitenden Gefühlen des menschlichen Körpers konfrontiert zu sein. Eine Seele wächst, wenn es ihr gelingt, die negativen Impulse zu überwinden und sich ihrer selbst als reiner Liebe wieder zu erinnern. Diese negativen Gefühle haben immer mit Angst zu tun.

Die Orientierungskonferenzen mit unseren Geistführern erlauben uns, einen langen Selbsteinschätzungsprozess zwischen den Leben einzuleiten. In jedem Fall geht es um die originale *Absicht* der Worte und Taten und der Wahl, die wir im Leben treffen. Es ist die eigene Motivation, die in Frage gestellt oder kritisiert wird, aber niemals im Sinne einer Verurteilung. Wir erhalten später andere Möglichkeiten zur erneuten Bewährung.

Übergangsphase

Alle Seelen werden nach dem Übergang und der ersten Orientierung zu einer zentralen Übergangszone gebracht. Aus menschlicher Sicht könnte man diesen Ort mit einem riesigen Flughafen vergleichen, mit einem großen Andrang Reisender, die in unterschiedliche Richtungen wollen.

Das ist der eigentliche Übergang in die geistige Welt.

Die Wesen sind geblendet von einer ewigen Welt, die sie für den Kern der Schöpfung halten. Die Welt, die sie nun erblicken, besteht aus unterschiedlichen Lichtstrahlungen. Das Zusammentreffen der vielen Seelen wirkt wie Myriaden starker Sternenlichter, die in verschiedene Richtungen schweben. Der Ort ist reine Gedankenenergie, wobei eine geistige Kraft alles in äußerst harmonischer Weise lenkt.

Hier nun werden die ankommenden Seelen von vorangegangenen Angehörigen oder Seelenverwandten begrüßt. Seelen, die sich treffen wollen, brauchen nur einen Gedanken auszusenden und ein Wiedersehen manifestiert sich. Es gibt direkte «Treffen» und eine Vielzahl telepathischer Kommunikation. Die Art und Weise dieser Seelenreise wird immer gleich beschrieben, nur das, was sie unterwegs sehen, wird unterschiedlich wahrgenommen.

Es werden unbegrenzte Entfernungen beschrieben, ein endloser Raum, wie in einer Kugel. Je schneller man sich fortbewegt, je mehr verändert sich die Sicht.

Der Eindruck entsteht, sich in einer gigantischen Schale zu befinden, die auf dem Kopf steht. Bei höherer Geschwindigkeit bewegen sich die Formen und Ränder, sie wölben sich in eine bestimmte Richtung, angetrieben von einer lenkenden Kraft. Außerdem herrscht das Gefühl, in einem großen Fluss von einer Strömung in ein großes Meer von Seelen gezogen zu werden, in dem alles miteinander vereint ist.

Höhere Wesenheiten lenken diesen Teil der Seelenreise, der nach Hause führt. Sobald das eigentliche Ziel der Reise in Sicht kommt, werden unterschiedliche Lichter erkannt, die durch Gänge und Korridore voneinander getrennt sind. Die Lichter sind Menschen in prall gefüllten Galerien. Dieses Licht strahlt herüber und ist das Leuchten ihrer Aura, der Energie, welche die Wesenheiten voneinander unterscheidet.

In der geistigen Welt gibt es keine Wände oder Mauern, weil nichts eine feste Struktur hat. Die variierenden Lichter symbolisieren die unterschiedlichen Seelengruppen. Irgendwann verringert sich die Geschwindigkeit der reisenden Seelen: Sie nähern sich ihrem eigentlichen Bestimmungspunkt. Die Seelenreisenden fühlen sich phantastisch. Sie verbinden sich mit den pulsierenden Gedanken ihrer Seelengruppe, die sie willkommen heißen. Erfahrene Seelen wissen, dass sie schon häufig diese Reise gemacht haben, und sie haben viele Beziehungen, auch aus früheren Leben und dem Aufenthalt in der geistigen Welt. Hier ist sich keiner fremd, es gibt keine Feindseligkeit. Das universale Band, das alle Seelen miteinander verbindet, lässt sie die Einheit mit allem Sein erkennen. Jeder wird mit Offenheit und Akzeptanz empfangen. Wir sind zu Hause angekommen!

Die Platzierung

Jeder von uns hat einen vorbestimmten Platz und Ort in der geistigen Welt. Es gibt unterstützende Seelengruppen, die genauestens organisiert sind und deren Aufgabe es ist, für die Bewusstseinserweiterung der unterschiedlichen Seelen auf verschiedenen Ebenen zu sorgen. Dieses Bild widerspricht der gängigen Vorstellung frei schwebender Seelen im Jenseits.

An dem Ort, zu dem eine Seele heimkehrt, treffen sich alte Freunde wieder, die den gleichen Bewusstseinslevel haben. Diese stehen in häufigem direktem Kontakt miteinander, vergleichbar einer menschlichen Familie. Das ist die Primärgruppe. Die Mitglieder einer solchen Seeleneinheit haben ein Verständnis füreinander und untereinander, das mit nichts auf der Erde zu vergleichen ist. Daneben gibt es sekundäre Seelengruppen, die die primären unterstützen. Sie umfassen bis zu tausend Seelen.

Der innere Zirkel einer primären Seelengruppe besteht im Schnitt aus fünfzehn Seelen.

Die Mitglieder einer Seelengruppe sind für die Ewigkeit miteinander verbunden. Sie bestehen von Anbeginn der Zeit aus ähnlich gesinnten Seelen mit gemeinsamen Zielen. Im Leben sind sie häufig Verwandte oder enge Freunde.

Unsere Beziehungen zu Partnern, Geschwistern oder Freunden beeinflussen das persönliche Wachstum am stärksten.

Eltern hingegen sind die ersten Identifikationsfiguren des Kindes für gute oder schlechte karmische Auswirkungen. In der geistigen Welt mögen sie uns beim Übergang empfangen, aber das bedeutet nicht, dass wir in der gleichen Seelengruppe angesiedelt sind.

Die geistige Welt lässt sich nicht mit irdischen Ausdrücken beschreiben. Wenn jemand ins Überbewusstsein versetzt wird, übersetzt er abstrakte geistige Bedingungen in Interpretationssymbole. Ein Ort des Lernens beispielsweise wird von einem als griechischer Tempel beschrieben, vom anderen als modernes Schulgebäude. Die Sicht der Dinge wird individuell und die Seele spricht von ihrer Umgebung als subjektives Merkmal für Sicherheit und Wohlbefinden. Da sich die eigenen Gedanken manifestieren, werden Städte, Landschaften und Wohnbereiche nach eigenen Vorstellungen beschrieben.

Ein Wiedererkennen anderer Seelen wird durch Farben und Farbschattierungen möglich. Das von Seelen verströmte Licht ist vergleichbar mit der farbigen Aura lebender Menschen. Geistwesen werden von anderen Geistern als verschiedene Lichter unterschiedlicher Schattierungen wahrgenommen. Individuelle Schwingungsmuster stellen die Aura jeder Seele dar. Dadurch wird der individuelle Grad der Seelenentwicklung in der Hierarchie der Seelen verdeutlicht (Dichte bis Leichtigkeit). Die Farben entsprechen in ihren Bedeutungen den gängigen Farbsymbolen hier auf der Erde. So unterscheiden sich die Seelen zwischen Anfänger und unterer Mittelstufe (Weiß und Weiß mit rötlichen Schattierungen, die dann in Gelb übergehen), dann die Mittelstufe (Gelb) und höhere Mittelstufe (Dunkelgelb mit Spuren von Blau), der Fortgeschrittenenstufe (Hellblau bis Blaurot) und der hohen Fortgeschrittenenstufe, die sich durch dunkles Blauviolett auszeichnet und deren Bewohner Meister sind. Diese Klassifizierungen entsprechen den unterschiedlichen astralen Ebenen. Das allumfassende und höchste Wesen ist GOTT der Schöpfer, dem wir alle entstammen und mit dem sich alle Seelen irgendwann wieder vollständig vereinigen.

Unsere geistigen Führer

Jeder Mensch hat einen persönlichen geistigen Führer. In Trance oder tiefen Meditationen kann diese körperlose Präsenz gespürt werden. Diese liebevollen Geistführer sorgen für die Kontinuität unseres Lebens auch nach unserem Tod. Das Bewusstheitsniveau der Seele bestimmt, wie weit fortgeschritten der jeweilige Führer ist. Einiges deutet darauf hin, dass wir sogar mehr als einen Führer haben.

Die geistigen Führer begleiten uns während unseres Lebens auf Erden: Sie trösten uns in schweren Zeiten und inspirieren uns über die Intuition in Träumen, Tagträumen oder durch Präsenz. Inwieweit wir diese subtilen Einflüsse spüren können oder sie bewusst wahrnehmen, hängt von unserer Seelenentwicklung ab. Die Geistführer vermitteln zwischen Gott und Mensch, da Gott den meisten Menschen als zu abstrakt erscheint. Die großen Religionen setzen an diese Stelle die jeweiligen Propheten.

Nach der Rückkehr in die geistige Heimat werden unsere Führer als hingebungsvolle und liebevolle Wesen begriffen. Sie begleiten uns durch die Orientierungsphase und sind Ratgeber bei der Betrachtung unseres Lebens. Wir erkennen sie nach unserer Rückkehr in die geistige Welt wieder, da wir sie schon durch frühere Aufenthalte in der geistigen Welt kennen. Sterben und Tod bedeuten also immer nach Hause zurückzukehren.

Viele Medien des 20. Jahrhunderts erkannten die Wichtigkeit eines geistigen Führers bei Kontakten zu Verstorbenen. Sein harmonisches Energiemuster sorgt für die Weiterleitung von Informationen aus dem Jenseits.

Wenn eine geistige Kommunikation blockiert ist, dient das allein dem Wohl der betreffenden Seele. Solange ein Mensch nicht bereit ist, notwendige Veränderungen in seinem Leben vorzunehmen und sich um eine echte Problemlösung zu drücken versucht, wird auch der geistige Führer nicht eingreifen und es zulassen, dass wir durch Schmerz und Leid gehen müssen.

Die Beziehung zu unserem Schutzengel ist immer eine Schüler-Lehrer-Beziehung, niemals von Angeklagtem zu Richter. Sie ist nicht von Angst gekennzeichnet.

Jeder von uns hat die Fähigkeit, durch sein Höheres Bewusstsein in Kontakt mit der inneren Stimme zu treten, vor allem wenn wir entspannt und in einem Zustand tiefer Konzentration sind. Ein Kontakt mit unserem Schutzengel äußert sich darin, dass wir das Gefühl haben, nicht alleine zu sein. Je mehr wir auf unsere innere Stimme hören und sie durch Meditation und Gebet verstärken, umso mehr können wir seine Unterstützung und Führung spüren.

8. Kapitel

Der Prozess der Wiedergeburt

In diesem Kapitel erfahren Sie

- **warum viele Leben für unsere seelische Entwicklung nötig sind**
- **woran sich Kinder erinnern**
- **wozu Rückführungen gut sind**
- **was «Karma» bedeutet**
- **wie es zur Wiedergeburt kommt**

Die Eigenverantwortung

Wir heutigen Menschen neigen dazu, einseitige materielle Wünsche zu wichtig zu nehmen. Dadurch entgehen uns viele andere Wirklichkeitsaspekte des Daseins. Die Wissenschaft ist längst zu einer Ersatzreligion avanciert und bestimmt, dass nur das Machbare und Fassbare Wirklichkeit ist. Das herrschende wissenschaftliche Paradigma ist die Abhängigkeit des Bewusstseins von der Materie – also beim Menschen vom Gehirn, das als «Ort des Bewusstseins» lokalisiert wird. Die Sterbeforschung zeigt allerdings auf, dass Bewusstsein *unabhängig* vom Gehirn existiert.

Der Erforschung geistiger Phänomene wie dem Leben nach dem Tod wird kaum Aufmerksamkeit zuteil. Gerade die Gewissheit eines Lebens nach dem Tod könnte unser Gesellschaftsgefüge drastisch verändern. In dem Maße, wie der Einzelne sich seiner Verantwortung für sein Leben bewusst wird, könnte dieses Wissen zu einer dringend notwendigen Umkehr unserer verkümmerten Sterbe- und Trauerkultur führen und erheblich die Lebensqualität erhöhen.

Wir leben in einer Wendezeit, wo die Überzeugungen, Wertsysteme und Lebensrhythmen des Menschen einem ständigen Wechsel unterworfen sind. Die einseitige Ausrichtung der gesamten Gesellschaft auf unmittelbare Bedürfnis- und Lustbefriedigung, gepaart mit einem grotesken Jugendwahn und Körperkult, ist der Ausdruck des materiellen Weltbildes. Das führt nicht selten zu erheblichem Sinnverlust und Leere. Die Frage nach dem Woher und Wohin unseres Lebens wird in besonderem Maße von der Sterbeforschung beantwortet. Dabei akzeptieren immer mehr Menschen auch im Westen das Modell der *Reinkarnation.*

Reinkarnation und der Sinn des Lebens

Die Vorstellung mehrerer aufeinander folgender Leben ist vielen abendländischen Menschen fremd – zum einen leben wir in einer von der materiellen Naturwissenschaft geprägten Zeit, zum anderen sind uns die christlichen oder die nihilistischen Vorstellungen bezüglich des Todes vertraut. So könnten wir uns fragen, warum wir uns damit beschäftigen sollen. Bei der Frage der Wiedergeburt geht es um die zentralen Existenzfragen schlechthin:

Wer bin ich?
Woher komme ich?
Wohin gehe ich?
Welchen Sinn und Zweck hat mein Leben?

Die uralte und zeitlose Lehre der Reinkarnation bietet Schlüssel und Antwort auf zahllose brennende Fragen der Gegenwart an. Sie vermag gesellschaftliche, wirtschaftliche und geistige Ungleichheiten schlüssig zu erklären, da es kein unverdientes Glück oder Unglück gibt, kein willkürliches Schicksal noch irgendeinen Zufall.

Die ältesten Quellen über Reinkarnation sind die altindischen «Veden», welche die umfassendsten schriftlichen Aufzeichnungen über das Phänomen des Todes und der Reinkarnation beinhalten.

Wäre das Leben nichts weiter als eine koordinierte chemische Reaktion, müsste es möglich sein, einen toten Körper durch Manipulation von Molekülen zum Leben zu erwecken. Dieses ist bis heute nicht gelungen, da Leben aus Lebensenergie entsteht und nicht aus toter Materie. Da Bewusstsein (Seele) aber ein Teil unserer Wirklichkeit ist, muss es fern von chemischen und physikalischen Gesetzen existieren. Sobald aber die Seele den Körper verlässt, bezeichnet man einen Menschen als tot. Die Eigenschaften der Seele, die Bewusstseinsträger im Körper ist, stehen außerhalb des Bereichs beobachtbarer molekularer Interaktionen.

Reinkarnationserfahrung

Im Gesamtleben eines Menschen gibt es eine Vergangenheit, die weit über die Kindheit hinausreicht. Das hat die Erforschung von Reinkarnationserinnerungen in den letzten dreißig Jahren aufgezeigt. Diese Rückerinnerungen können zeitlich weit zurückreichen, da wir alle zahllose frühere Leben aufweisen. Solche Erinnerungen kommen auf verschiedene Weise zustande.

Der Kreislauf von Geburt und Tod, die Reinkarnation, wird durch die Tatsache verhüllt, dass wir Menschen uns normalerweise nicht an frühere Leben erinnern können. Die Umstände des gegenwärtigen Lebens entstehen allerdings aus der Summe aller vorangegangenen Existenzen und sind die natürliche Fortsetzung des einen Lebens, das uns durch alle Inkarnationen trägt. Deshalb ist es nicht unbedingt nötig, sich an frühere Existenzen zu erinnern. Nicht der Blick zurück in frühere Leben ist wichtig, sondern das Leben im Hier und Jetzt des Augenblicks, der Ewigkeit ist.

Dennoch ist es möglich, diese Erinnerungen zu aktivieren. Die Reinkarnationsforschung der letzten dreißig Jahre hat in eindrucksvoller Weise die Existenz früherer Leben bestätigt. Einen Überblick darüber vermittelt mein Buch «Auch Du lebst ewig».

Das Wissen um die Reinkarnation kann uns dabei behilflich sein, den größeren Sinnzusammenhang zu erkennen. Wer sich von der Realität der Reinkarnation überzeugen will, kann auf folgende Methoden und Quellen zurückgreifen:

- **Manche wissen seit ihrer frühen Kindheit, dass sie schon** einmal gelebt haben. Besonders Kinder haben bis zu ihrem sechsten Lebensjahr meist Erinnerungen an das vorangegangene Leben.

- Durch Begegnung mit bestimmten Personen, mit Orten oder Gegenständen können Rückerinnerungen evoziert werden, sie können aber auch spontan auftreten.
- Träume sind ein wichtiges Indiz für frühere Leben. Viele ahnen nicht, dass sich Ereignisse in Träumen schon früher zugetragen haben, und erst recht nicht, wenn das Traumgeschehen in Symbole verschlüsselt ist. Auch in Tagträumen, wenn wir entspannt der Phantasie freien Lauf lassen, können die auftretenden Bilder Rückerinnerungen sein.
- Rückführungen durch Hypnose und andere Methoden belegen heute in vielfältiger Weise die Tatsache der Wiedergeburt.
- Viele Mystiker, Heilige und religiöse Schriften aller Zeiten und Kulturen haben Zeugnis von der Wiedergeburt abgelegt.
- Medien und Durchgaben der geistigen Welt sprechen in vielfältiger Weise von Reinkarnation.
- In zahlreichen Nahtoderfahrungen kam es ebenfalls zu einer Konfrontation mit früheren Leben.
- Durch Meditation und Beschäftigung mit dem Thema wächst die persönliche Erkenntnis vieler heutiger Menschen.

Karma, das Gesetz von Ursache und Wirkung

Um unsere Persönlichkeit entwickeln zu können, brauchen wir eine Motivation, ohne die es kein seelisches Wachstum geben kann. Diese Antriebskräfte oder Impulse werden als «Karma» bezeichnet. Die wörtliche Bedeutung des Wortes Karma ist «Handeln». Ein Mensch macht sich durch seine Handlungen zu dem, was er ist. Karma ist die göttliche Kraft in jedem von uns, die Ordnung bewirkt, ein Gleichgewicht herstellt und Ausgleich schafft. Insofern fällt jede Handlung auf den Verursacher zurück. Karma ist eine sich selbst bewegende Kraft als Ergebnis dessen, was gedacht und getan wird.

Die Verantwortung für unsere Gedanken und Handlungen ist uns meistens nicht bewusst, da wir die Folgen, die irgendwann in unserem Leben eintreten, oft mit Schicksal verwechseln. Der Glaube, dass Karma mit entfernten Wiedergeburten verknüpft ist, wird maßlos übertrieben. Die meisten Auswirkungen geschehen im jetzigen Leben, in welchem Gedanken und Handlungen zustande kommen.

Ganz praktisch ist Karma die Konsequenz unseres Denkens und Handelns. Dies ist ein unumstößliches geistiges Gesetz, das für jeden Menschen gilt. Karma ist das Prinzip der unvermeidbaren Konsequenzen. Unser Schicksal befindet sich aber nur teilweise in unseren Händen. Es gibt Grenzen im Leben, mit denen wir leben müssen. Dennoch bestimmen wir unsere Zukunft mit. Neben dem Element des freien Willens, der inneren Freiheit des Menschen, existiert eine verborgene Kette von Ursachen, die uns auch mit früheren Leben verbindet. Somit sind freier Wille und Karma gleichzeitig vorhanden.[61]

Das Erkennen dieser Zusammenhänge kann sich für unser Leben als überaus praktisch erweisen, da das Wissen um die Wirkungen des Karma tief im Unterbewusstsein gespeichert ist. Indem wir erkennen, was wir verursacht haben, können wir dazu beitragen, Schicksal zu verändern. Am besten schon zur Zeit unseres Lebens, da sonst die unerledigten Geschäfte wie ein Bumerang im Sterbeprozess auf uns zurückfallen, bzw. spätestens in unserer Lebensrückschau.

Karma und Wiedergeburt

Alle Dinge sind geistiger Natur. Der Geist ist bewusst und unterbewusst. Alles, was aus dem Bewusstsein entschwindet, geht ins

Unterbewusste. Damit ist das Unterbewusstsein ein Verwahrungsort aller jemals existierenden Ideen und Kräfte und aller Erfahrungen. So verbindet sich ein Ego von Geburt an mit dem Karma, das im Unterbewussten sein Zuhause hat. Im Unterbewusstsein sind Zeit und Raum nicht getrennt. Da die Macht des Karma die des unterbewussten Geistes ist, in dem alles Wissen gespeichert ist, kommt es irgendwann zu einer Wiedergeburt, deren Körpertypus und Schicksalsumstände von früheren Leben bestimmt werden. Was hiermit ausgesagt wird, ist, dass nicht eine Person von einem Körper zum anderen wandert, sondern ein geistiger Prozess hier auf Ausgleich bedacht ist.

Wenn auch unser physischer Körper aus Genen und biologischer Fortpflanzung entstand, so ist doch unser Geist von uns selbst. Was wir in früheren Leben, geistig gesehen, waren, ist das Erbe, das wir jetzt antreten und entfalten. Der Geist eines Menschen, genauer gesagt, was den Geist anzieht, sowie seine Stärken und Schwächen führen uns genau in die heutigen Umstände unseres Daseins. Das ist Schicksal, das unser Leben bestimmt, aber eben nicht vorherbestimmt, weil in der Sphäre des Denkens und Fühlens innerhalb der Gesetzmäßigkeiten von Ursache und Wirkung unser Wille sich frei bewegen kann. Wir können zwischen den Handlungen wählen, eigene Lebensziele festsetzen, eigene Ideen verwirklichen, Wünschen, Trieben und auch der Negativität nachgeben, wie es uns beliebt.

Was wir nicht bestimmen können und meistens in den Folgen nicht ermessen können, sind die Konsequenzen unserer Gedanken, Worte und Handlungen. Das Leben des Menschen bewegt sich zwischen den scheinbaren Gegensätzen von Willensfreiheit und Schicksal.

Solange Begierde, Leidenschaft, Umwelt, Erbgut und Suggestion von außen den Ursprung für unsere Handlungen darstellen – wo bleibt da die Willensfreiheit?

In Wirklichkeit steht uns nur ein begrenztes Maß an Willensfreiheit zur Verfügung. Die Freiheit, die wir meinen zu besitzen, wird immer auch vom unberechenbaren Element des Schicksals bestimmt. Orte und Bedingungen einer Geburt liegen genauso außerhalb des persönlichen Willens wie der Zeitpunkt des Todes. Wie nach dem Tod unser Leben wie ein Film mit all seinen Geschehnissen vor uns abläuft und wir vom Standpunkt unseres Höheren Selbst aus die Gründe und Ursachen für unsere Handlungen erkennen können, so sehen wir ebenfalls die künftige Inkarnation und die auf uns zukommenden Ereignisse und Handlungen, da sie von den früheren Tendenzen zustande gebracht werden.

Das Grundthema eines jeden Lebens ist das innere Ringen der Seele um Selbsterkenntnis. Dabei gibt es keinen Zufall, der einen Anteil an der Gestaltung unserer Lebensumstände hat.

Das häufigste Argument gegen die Wiedergeburt ist, dass mit der Geburt in diese Welt keine Erinnerung an ein früheres Leben mehr vorhanden ist. Mit dem Beginn eines neuen Lebens bewohnen wir einen *neuen* Körper mit einem anderen Gehirn und empfinden damit auch alles anders als in einem früheren Leben. Es gibt keinen körperlichen Bezug zu einem anderen, früheren Körper. Genauso wenig, wie wir uns an unser Leben in der geistigen Welt erinnern können.

Dennoch gibt es Menschen, die spontane Erinnerungen oder Visionen an ein früheres Leben aufweisen. Es gibt auch überall auf der Welt kleine Kinder, die von Dingen berichten, die nicht zu ihrem jetzigen Leben gehören. Diese Erinnerungen verblassen mit zunehmendem Alter. Wir sollten uns darüber klar sein, dass solche Erinnerungen aus dem Gedächtnis der Seele stammen, nicht aber aus dem Bewusstsein oder Unterbewusstsein des Betreffenden.

Wie ein Schauspieler, der auf der Bühne Rollen spielt, nicht die dargestellte Persönlichkeit ist, spielen wir in unserem Leben eine uns zugedachte Rolle in einem entsprechenden Umfeld mit anderen Mitspielern, um seelisch und geistig zu wachsen. Die Person, die ich bin, mit ihren ganz eigenen Charaktereigenschaften, spielt ihre Rolle, wobei der Schauspieler der Geist ist. Nach dem Tod lebt dieser Schauspieler, der Geist, weiter und hat sich durch seine Inkarnation ein umfangreiches Wissen angeeignet. Die Persönlichkeit, das Ich oder Ego, spielt nur ihre Rolle zu diesem Zeitpunkt im Hier und Jetzt und wird nach Ende ihres Gastspiels hier auf Erden nie in der gleichen Form wieder geboren.[62]

Alles menschliche Streben bezieht sich auf die Rückverbindung mit der Urkraft, die wir Gott nennen. Um dieses Endziel aller menschlichen Entwicklung zu erreichen, geht es um die Überwindung der schmalen Ich-Grenzen der menschlichen Identität, damit eine Bewusstseinserweiterung in das Göttliche stattfinden kann. Da der Mensch inkarniert ist, um seelisch und geistig in diese Bewusstseinserweiterung hineinzuwachsen, muss er sich im Laufe seiner Entwicklung von immer mehr angestautem Ballast befreien, um sich der Ganzheit öffnen zu können.

Insofern zeigt das heutige Wissen über das, was geschieht, wenn wir sterben, auf, dass dieser Prozess eine Anpassung an die geistige Welt ist, bei der es um die Aussöhnung mit dem vergangenen Leben geht, damit die Seele sich weiterentwickeln kann. Der Geist, der uns sozusagen spielt in diesem Leben, lebt weiter und inkarniert sich zu gegebener Zeit wieder. Jeder von uns befindet sich auf einer anderen Stufe der seelischen Entwicklung. Daraus erschließt sich, dass wir ausnahmslos alle durch unterschiedliche Stadien des Menschseins gegangen sind.

Es ist ein großer Segen, dass unsere Erinnerungen an das Vergangene mit jeder neuen Geburt ausgelöscht sind. Wenn wir uns an alles erinnern würden, was wir irgendwann schon einmal erlebt haben, würden wir vermutlich verrückt werden. Es könnte großen Schaden anrichten, da niedrige Instinkte und Süchte wieder erweckt werden könnten, was unsere Seelenentwicklung blockieren würde.

Das jetzige Leben ist schwer genug und es macht wenig

Sinn, sich mit zusätzlichem Ballast zu beschweren. In vielen Fällen mit extremen Lebensproblemen sind Liebe, Verständnis für andere Menschen und das Einschlagen eines geistigen Weges eine bessere Lösung als die Rückführungstherapie.

Sicherlich ist es möglich, Menschen durch Hypnose oder andere Techniken in frühere Leben zurückzuversetzen. Auf diese Weise können von einem verantwortungsbewussten Fachmann sicherlich Hintergründe emotionaler Blockaden und schwer lösbare Probleme nicht nur aufgedeckt werden, sondern mitunter enorme Verbesserungen bewirkt werden.

Der Prozess der Wiederverkörperung

Der Tod ist eine Periode der Ruhe, in der die Erfahrungen und Erkenntnisse eines Lebens herausgearbeitet werden, um geistiges Wachstum zu ermöglichen. Der Geist ist aus jeglicher Außenwelt zurückgezogen: Die Merkmale der historischen Persönlichkeit, des irdischen Ich, werden schrittweise abgebaut, da sonst eine Weiterentwicklung in der geistigen Welt nicht möglich ist. Nun bildet sich unser Höheres Selbst heraus, welches uns durch alle unterschiedlichen Leben trägt. Dieses Selbst wird durch den Tod niemals berührt.

Das Jenseits ist für das Selbst eine Zeit der Erholung und Neuorientierung. Nach dem Verlassen des Körpers wird die Innenwelt einer Seele zu ihrer Umwelt. Die Sehnsüchte und Triebfedern des Denkens und Handelns auf Erden manifestieren sich unmittelbar.

Die jenseitige Entwicklung beginnt in den niederen Astralsphären der Traumgebundenheit, steigt stufenweise zu den höheren Ebenen der Traumerwachtheit und Glückseligkeit empor. Wenn jemand geistig weit entwickelt ist, kann er auch die göttliche Ebene des Bewusstseins erreichen.

Das Erwachen des Selbst ist ein Wiedererwachen, das sich zunächst als traumartiger Zustand bemerkbar macht. Die neue

Umwelt wird nur schattenhaft wahrgenommen. In diesem Zustand erfolgt die Lebensrückschau, wobei die Gedanken, Worte und Taten eines Lebens in ihren Auswirkungen vor das geistige Auge treten.

In dieser ersten Phase nach dem Übergang kommt es häufig dazu, dass ein Verstorbener das Gefühl hat, noch am Leben zu sein. Hierbei kann das Bedürfnis nach Kontakt mit den Lebenden besonders stark sein. Der Verstorbene versucht sich auf seelische Weise durch Träume und Gegenwartsempfinden oder durch Medien kundzutun. Letztlich hängt es von der Grundrichtung eines Menschen ab, wie lange es dauert, bis er sich seiner jenseitigen Umwelt bewusst wird.

Es wird Bilanz gezogen und langsam klingen die mit Erinnerungen verbundenen Leid- und Lustgefühle ab, bis alle Erfahrungen sich zu Wesenstendenzen herausbilden. Je stärker die Seele in die neue Wirklichkeit erwacht, umso glückseliger wird sie. Sie schafft sich über ihre Gedanken ihren eigenen Himmel, ihre eigene Umgebung und nimmt dabei andere Wesenheiten wahr. Es kommt zur Wiedervereinigung mit geliebten Verstorbenen und anderen Seelenverwandten.

Das Einheitsgefühl erhebt den Verstorbenen schließlich zu höheren Bewusstseinsebenen, wobei der Erwachte sich seines ewigen Seins bewusst wird. Er fühlt sich geborgen und zu Hause.

Je stärker eine Seele von Erinnerungsbildern ihres vergangenen Lebens geprägt ist, desto mehr tritt irgendwann ein Geburtsdrang in Aktion. Die Seele erkennt, dass sie sich nicht mehr weiterentwickeln kann, und kehrt zu den unteren Ebenen zurück. Hier durchläuft sie eine weitere Lebensrückschau, die sich dann in eine Vorausschau auf das neue angestrebte Leben verwandelt.

Die Reinkarnationsforschung der letzten dreißig Jahre legt den Schluss nahe, dass viele ihr künftiges Leben im Zustand der Körperlosigkeit vorausplanen. Nochmals muss hier ausdrücklich betont werden, dass die Wiedergeburt ein *geistiger Prozess* ist und nicht auf die historische Person des Erden-Ichs bezogen werden kann. Die Bewusstwerdung des Höheren Selbst, welches der einzige Träger der verschiedenen Erdenleben ist, führt dann zu einer neuen Inkarnation. Das künftige Schicksal gestaltet sich aus dem Reifungsprozess der Seele in der geistigen Welt. Alle Früchte der früheren Leben wirken nun als geistige Kraft in der Gestaltung eines neuen Astralleibes. Wenn der Drang nach einem physischen Körper stärker wird, führt das zu einem Stadium der Bewusstlosigkeit. Das Bewusstsein wird sozusagen in einen Zwischenzustand versetzt und taucht dann erst wieder in der physischen Welt auf. Die Seele stirbt in der geistigen Welt, um auf der Erde durch eine Geburt wieder in Erscheinung treten zu können.

In diesem spezifischen Zwischenzustand erfolgt eine weitere Lebensrückschau, wobei dann die Hindernisse des früheren Lebens wieder vor dem Ich stehen. Daraus entsteht ein Vorausblick auf das kommende Leben, das der Seele die Blockaden und Entwicklungsmöglichkeiten des kommenden Lebens aufzeigt. Das neue Leben steht somit in Zusammenhang mit früheren Leben und bildet das Gesetz des Schicksals, das Karma. Dieser Bereich des Unsichtbaren fügt sich als geistiger Prozess in das Unterbewusstsein des Menschen ein und tritt von da aus im neuen Leben in Erscheinung.

Das Gewinnen von Erkenntnissen im Leben zwischen den Leben bereitet uns auf die nächste Inkarnation vor, wo wir das Erlernte in die Praxis umsetzen können. Durch Rückführungen in das Überbewusstsein gaben viele Klienten an, in Lehranstalten gearbeitet zu haben. Es gibt dort offensichtlich umfangreiche Bibliotheken und Hörsäle. Manche studieren die Gesetze des Universums und sind mit allem Wissen verbunden, andere vertiefen spezifische Kenntnisse. Es gibt allerdings auch Seelen, die keinerlei geistige Bedürfnisse aufweisen und in eine Art Tiefschlaf verfallen, bis sie den Drang nach Wiederverkörperung verspüren.

Der Tod ist in Wirklichkeit die Rückkehr in unsere eigentliche geistige Heimat, während mit der Geburt und den Herausforderungen der irdischen Existenz ein schwieriges, anstrengendes Unternehmen für die Seele beginnt. Jede neue Inkarnation dient der geistigen Weiterentwicklung.

Die Frage nach der Dauer des Aufenthalts in der geistigen Welt ist nicht eindeutig zu beantworten, da die Bedürfnisse jeder einzelnen Seele recht unterschiedlich sind. In aller Regel können wir davon ausgehen, dass sich unsere Verwandten noch in der geistigen Welt befinden, wenn wir selbst eines Tages sterben. Das wird von vielen praktizierenden Medien immer wieder bestätigt.

Im Widerspruch dazu stehen die Angaben von Regressionstherapeuten, die heute durchschnittlich von vierzig Jahren ausgehen, bis ein Mensch wieder geboren wird. Das mag mit dem zunehmenden Bedarf an Seelen zusammenhängen (Überbevölkerung) und den vielen Kriegen, die im 20. Jahrhundert ihren Tribut forderten. Dennoch bestimmt die einzelne Seele selbst darüber, wie lange sie sich in der geistigen Welt aufhalten möchte.

Es gibt natürlich auch fortgeschrittene Seelen, die gar nicht zurückkehren wollen oder müssen. Eine geistige Weiterentwicklung ist auch im Jenseits möglich. Der Reinkarnationstherapeut Joel L. Whitton schreibt über die Wiederverkörperung:

«Bevor die Seele die irdische Ebene betritt, durchschreitet sie eine ätherische Barriere, und bei diesem Durchgang wird die Schwingungsfrequenz des Bewusstseins verlangsamt. Jenseits dieser Barriere, die durch den klassischen Fluss des Vergessens symbolisiert wird, löst sich die Erinnerung an die Herrlichkeit des ‹Bardo› auf. Dieses Vergessen hat insofern einen hohen Wert, als es die Seele daran hindert, sich nach der Glückseligkeit des körperlosen Zustandes in einem Bereich zurückzusehnen, den sie hinter sich gelassen hat, und ihr erlaubt, ein neues Leben zu beginnen, ohne durch das verwirrende Echo vergangener Taten und Untaten behindert zu werden.

Ebenso wichtig ist die Tatsache, dass die neu inkarnierte Seele alle Pläne vergisst, die sie für ihr künftiges Leben entworfen hat. Ebenso wie es keinen Sinn hat, einem Studenten, der eine Examensarbeit schreiben muss, schon vorher die richtigen Antworten zu sagen, müssen auch der Seele bestimmte Erkenntnisse vorenthalten werden, wenn sie die Prüfungen bestehen soll, die ihr in einem neuen Leben auferlegt werden.»[63]

Angesichts der widersprechenden Forschungsergebnisse ist es ebenso schwierig, den genauen Zeitpunkt zu bestimmen, wann eine Seele in den Körper eintritt, zumal bei einer Hypnose das im Gehirn gespeicherte körperliche Gedächtnis der Nervenzellen sich mit der Erinnerung der Seele, die geistigen Ursprungs ist, vermischen kann.

In jedem Fall hat die Rückführung in das Leben zwischen den Leben für den Patienten immer den Effekt, dass der Sinn des Lebens transparent wird, die Erfahrung des Jenseits erinnert wird (mit der damit einhergehenden Erfahrung des Geborgenseins) und sich somit die Todesfurcht auflöst.

Da der Prozess der Wiedergeburt geistiger Natur ist, kann er nur im Groben erfasst werden. Wenn wir von der Wiedergeburt sprechen, sollten wir diesen geistigen Prozess nicht mit unserer augenblicklichen *historischen Persönlichkeit* verwechseln, da diese in der Tat einmalig ist und in dieser Form niemals wiederkehrt.

In der geistigen Welt stehen Seelen in einem sehr intimen Austausch miteinander. Diese Welt zu verlassen, um sich auf einem Planeten zu inkarnieren, wo Aggression und sich bekämpfende Menschen Unwissenheit und Angst erzeugen, ist für die Seele nicht einfach. Wenn die Wunden des physischen Lebens verheilt sind, besteht für viele Seelen der Drang, sich wieder zu inkarnieren, insbesondere, wenn erdgebundene Wünsche nicht vollständig losgelassen werden konnten.

Wenn eine Seele sich entschlossen hat, auf die Erde zurückzukehren, wird sie an einen «Ort der Lebenswahl» geführt. Dafür ist es wichtig, die Bilanz des vorherigen Lebens noch einmal genau zu betrachten. Im Laufe dieses Prozesses geht die Rückschau in eine Vorausschau des neuen Lebens über, wonach Umstände und Ort der neuen Inkarnation ausgewählt werden.

Ein Klient von Dr. Newton berichtet:

«Ich fühle einen Moment der Stille ... Die Leinwände beleben sich mit Bildern und es gibt Farben ... Ich schwebe in der Mitte herum, betrachte das Panorama des Lebens überall um mich herum ... Ich betrachte das Leben, wie es sich jetzt gerade in den Straßen New Yorks abspielt ... Ich sehe verschiedene Leben durch ... Meine Wahlmöglichkeiten von Leben sind nicht unbegrenzt ... Aufgrund dessen, was sie einem nicht zeigen, birgt jede Wahl eines Körpers ein gewisses Risiko ...»[64]

Die Klienten sehen einen Kreis aus Vergangenheit, Zukunft und Gegenwart. Die Aspekte der Zeit werden als wiederkehrende Realitäten dargestellt, wobei sich herausstellt, dass das zukünftige Leben natürlich nicht vollständig vorherbestimmt ist. Während unseres irdischen Lebens haben wir immer Gelegenheiten zu Veränderungen; unabhängig davon, ob wir sie nutzen oder nicht. Dennoch resultieren aus unseren verschiedenen Leben schicksalsmäßige Verantwortlichkeiten, die durch das Karma in unserem Unbewussten gespeichert sind.

Jede Seele entscheidet sich aus einem bestimmten Beweggrund für die Ereignisse, an denen sie teilnimmt. So entscheidet sich eine Seele beispielsweise freiwillig für einen frühen Tod, sei es für sich selbst als Lernaufgabe oder für die Angehörigen. Die Entscheidung für das nächste Leben wird dann mit anderen Mitspielern unseres Erdenlebens koordiniert.

Die Wiedergeburt ist ein tief greifendes Erlebnis. Eine Klientin berichtet:

«Ich sage allen auf Wiedersehen. Das kann schwierig sein ... Wie auch immer, sie wünschen mir alle Glück und ich bewege mich von ihnen weg ... Schwebe allein. Da ist keine große Eile ...»[65]

Dann trennt sich ihr Geistführer von ihr und sie schwebt davon: «Alles ist verschwommen ... Ich gleite hinunter ... Hinunter in eine lange, dunkle Röhre ... Ein hohles Gefühl ... Dunkelheit und dann Wärme ... Mir ist bewusst, dass ich in meiner Mutter bin ... Ich *bin* in einem Baby – ich *bin* ein Baby!»[66]

Die dunkle Röhre gleicht dem Tunnel am Ende unseres Lebens. Die Verbindung der Seele mit der Silberschnur, die unser Leben zusammenhält und deren Durchtrennen den endgültigen Tod bedeutet, wird hier ebenfalls assoziiert. Geburt und Tod – der Kreislauf von Ein- und Ausatmen.

Die weitere Analogie ist die Nabelschnur, die bei unserer Geburt durchtrennt wird, wodurch wir erst lebensfähig werden. Der Kreislauf von Geburt, Tod und Wiedergeburt schließt sich.

9. Kapitel

Suizid in der spirituellen Literatur

In diesem Kapitel erfahren Sie

- **warum der Selbstmord ein Irrtum ist**
- **dass kein Tod zufällig ist**
- **vom Wachstum der Angehörigen nach einem Suizid**
- **dass Selbstmörder in der geistigen Welt aufgefangen und nicht bestraft werden**
- **dass wir für unser Leben verantwortlich sind**

Selbstmord und Unsterblichkeit

Selbstmord und das Überleben des Bewusstseins nach dem Tod stehen in enger Verbindung miteinander. In gewisser Weise ist, bezogen auf die Unsterblichkeit des Menschen, ein Suizid vollkommen sinnlos, da sich das Bewusstsein im Augenblick des Todes oder auch des Übergangs in die andere Welt nicht verändert.

Das Bewusstsein, das heißt die Summe der Gedanken, Taten und Handlungen eines Lebens, bleibt im Tod das Gleiche wie im Leben.

Die geistige Welt hat in subtiler Weise immer wieder in Durchgaben durch Medien, automatisches Schreiben, Eingebungen oder Kontakte zu Verstorbenen mitgeteilt, dass kein Mensch stirbt, der nicht sterben soll.

Wenn man bedenkt, dass zehnmal so viele Menschen einen Suizidversuch überleben, als tatsächlich daran sterben, so ist das ein Hinweis darauf, dass es sich bei den Betroffenen nicht unbedingt um ein Nicht-mehr-leben-Wollen handelt. Es werden vielmehr Zeichen gesetzt, die die Umwelt als einen Hilfeschrei erkennen soll.

Der Zustand eines Suizidenten ist häufig geprägt vom grausamen Gefühl des Eingesperrtseins zwischen Leben und Tod. In diesem Zwischenstadium erwägt er ständig, ob er leben will oder nicht: Er muss eine Entscheidung fällen zum Leben hin oder zum Tod.

Es muss darauf verwiesen werden, dass an dieser Wurzel des Suizidproblems häufig ein falsch gelebtes bzw. nicht erkanntes Konzept des Denkens steht. Mit unseren Gedanken konstruieren wir unsere Realität auch im negativen Sinne.

So wird aus schweren Depressionen Hoffnungslosigkeit geboren oder der Gedanke, unheilbar krank zu sein. Bei vielen psychiatrischen Patienten entspricht dieses verkehrte Konzept von *unheilbar krank* dann dem Drehtürprinzip sich ständig wiederholender Klinikaufenthalte, bis der letzte freie Wille durch starke Medikation oder zu viel an Psychotherapie gebrochen ist.

Das Ergebnis eines derartigen Drucks ist nicht selten ein Suizid. Diesen Menschen ist dann auch buchstäblich auf Erden nicht mehr zu helfen. Wer noch imstande ist zu erkennen, dass keine Situation absolut hoffnungslos ist, kann einen Schlüssel finden, sich aus dem lähmenden Zwischenzustand von Leben und Tod zu befreien.

Im Grunde ist keine Situation – und mag sie noch so ausweglos erscheinen – absolut hoffnungslos!

Solange wir leben, haben wir kraft des freien Willens in jedem Augenblick die Möglichkeit, eine verfahrene Situation durch eine einzige Entscheidung im Hier und Jetzt des Augenblicks zu verändern, wenn es uns gelingt, eigene starrsinnige und verhärtete Sichtweisen zu erkennen und ganz loszulassen. Wir erschaffen die Konsequenzen unserer Handlungen durch unsere Gedanken. Falsches Denken kann in Sackgassen führen, die durch rechtzeitiges Erkennen von Irrtümern zu einer anderen Sichtweise der Dinge führen kann: Es gibt bessere Wege im Leben, als sich selbst zu töten.

Die Notwendigkeit des Sterbenmüssens

Sterben ist eine Notwendigkeit, da nach Ablauf einer gewissen Zeit die Fülle der immer neuen geistig-seelischen Energien nicht länger in Fleisch und Blut übersetzt werden kann. Das Selbst entwächst dem Fleisch.

Seth, die weltbekannte Wesenheit, die durch die Amerikanerin Jane Roberts sprach, sagte Folgendes zum Gesamtzusammenhang von Sterben und Suizid:

«Was nicht verstanden wird, ist die Tatsache, dass ein Individuum sich zu leben entscheidet, bevor es ins Leben tritt. Ein Selbst ist nicht einfach das Wesen einer Persönlichkeit, die aufgrund zufälliger biologischer Abläufe Mensch geworden ist. Jeder Mensch, der geboren wird, wünscht, geboren zu werden.

Er stirbt, wenn dieser Wunsch nicht länger wirksam ist. Weder eine Epidemie noch eine Krankheit noch eine Naturkatastrophe – auch nicht die verirrte Kugel aus dem Gewehrlauf eines Mörders wird einen Menschen töten, der nicht sterben will.»[67]

Nichts ist zufällig, was uns im Leben widerfährt, schon gar nicht der Tod. Es fällt uns Menschen schwer zu begreifen, dass der aktive Wille zum Tod letztlich der Ausdruck eines anderen Überlebenswillens sein kann: der Wunsch, die Körperwelt zu verlassen, um nach Hause, in die geistige Welt, zurückzukehren!

Suizid beinhaltet eine bewusste Zerstörung des Körpers durch eigenmächtiges, gewaltsames Handeln, wobei das Selbst gewissermaßen in Nichtübereinstimmung mit dem Körper, der noch seinen eigenen Lebenswillen hat, handelt.[68]

Niemals geht es bei einem Suizid um Schuld, da in vielen Fällen ohnedies ein natürlicher Tod aufgrund einer Krankheit erfolgen würde, wenn die Reibungslosigkeit des biologischen und psychologischen Lebensablaufes verloren gegangen ist.

Ein aktiver Todeswunsch führt durch diese geistigen Hintergründe einfach zu einer Verlangsamung des Lebensprozesses des Körpers, welches zur allmählichen Ablösung der Seele vom Fleisch führt. Körper und Selbst wären im Einklang, sodass sich die Trennung mühelos vollziehen würde. Auch hier offenbart sich die Macht der Gedanken und des Bewusstseins.

Die meisten Suizide hingegen sind das Resultat widersprüchlicher Glaubensüberzeugungen, von denen der Einzelne zermalmt wird. Diese innere Zerrissenheit oder Verwirrtheit wird aber dann durch den Tod, d. h. durch den Übergang in die geistige Welt, nicht aufgehoben. Mangelnde Einsicht über das Fortleben nach dem Tod bewirkt ein Übriges.

Der Suizident will dem Leben entfliehen, um zur Ruhe zu gelangen, begreift aber zu spät, dass es den Tod nicht gibt, denn er ist nur ein Übergang ins Jenseits.

Mancher glaubt, dass er weiterlebt, erschrickt aber über anwesende Geistführer oder ihm vorausgegangene Verstorbene. Er kann sich dem Licht nicht zuwenden, weil er seinen mentalen Zustand von Zerrissenheit mit hinübergenommen hat. So bleibt er in der untersten Astralebene stecken.

Der Irrtum des Suizids

Edith Fiore, eine bekannte amerikanische Regressions- und Besessenheitsforscherin, schreibt in ihrem Buch «Besessenheit und Heilung. Die Befreiung der Seele» dazu:

«Einige Menschen befanden sich in einem solch tiefen Zustand der Verwirrung, als sie starben, dass sie einfach nicht erkannten, dass sie tot waren. Das traf besonders auf Selbstmörder zu. Viele von ihnen, wenn auch nicht alle, zogen ziellos umher und versuchten vergeblich, mit den Lebenden zu sprechen. Das war der Fall bei dem bereits erwähnten Mann, der sich umbrachte, indem er von einer Brücke sprang. Dieser Geist konnte seinen Körper im Sand liegen sehen, doch die Tatsache seines eigenen Todes machte keinen Eindruck auf ihn. Später konnte er nicht verstehen, warum die Leute am Strand nicht auf ihn reagierten.

Ich habe Fälle von Selbstmord erlebt, bei denen die Menschen einen normalen Todesprozess durchlebten. Dessen ungeachtet scheint es, dass sie, wenn sie Selbstmord begehen, die Arbeit an ihren Lektionen nur aufschieben und ihren geistigen Fortschritt verzögern, denn sie werden sich in einem zukünftigen Leben in einer Prüfungssituation wieder finden, in der ihnen erneut Selbstmord als Versuchung präsentiert wird.»[69]

In der so genannten Jenseitsforschung indes wird übereinstimmend vor dem Irrtum eines Selbstmordes gewarnt. Er erscheint als Irrtum, der in Wirklichkeit unkalkulierbare Folgen zeitigt, da er auf der falschen Annahme beruht, dass mit dem Tod alles aus ist.

Viele behaupten, dass der Selbstmörder an den Ort seiner Tat gebannt wird. Er bleibe so lange in seinen Zwangsvorstellungen behaftet, bis die Stunde seines normalen Ablebens gekommen ist. Die Gefühle, die Verzweiflungsausbrüche oder Geschehnisse, die dem Suizidversuch vorausgingen, werden wieder und wieder erlebt.

Ein prägnantes Beispiel berichtet Dr. George Ritchie, der eine der umfangreichsten heute vorliegenden Nahtoderfahrungen erlebt hat:

«So schnell wie ein Gedanke reisten wir von Stadt zu Stadt ... In einem Haus folgte ein junger Mann einem älteren von einem Raum in den anderen.

‹Es tut mir Leid, Pa!›, sagte er immer wieder. ‹Ich wusste nicht, dass es Mama so treffen würde! Ich habe es nicht besser verstanden.›

Aber obwohl ich ihn ganz klar hören konnte, war es offensichtlich, dass der Mann, zu dem er sprach, ihn nicht verstand. Der alte Mann trug ein Tablett in einen Raum, in dem eine ältere Frau in einem Bett saß. ‹Es tut mir Leid, Pa!›, sagte der junge Mann wieder. ‹Es tut mir Leid, Mama!› Ohne Ende, immer wieder, in Ohren, die ihn nicht hören konnten.

... Verschiedene Male hielten wir vor ähnlichen Szenen an.

Ein Junge verfolgte ein Teenager-Mädchen durch die Gänge der Schule: ‹Es tut mir Leid, Nancy!›

Eine Frau in mittleren Jahren bat einen grauhaarigen Mann, ihr zu vergeben.

‹Was tut ihnen Leid, Jesus?›, bat ich. ‹Warum hören sie nicht auf, mit Menschen zu reden, die sie nicht verstehen können?›

Von dem Licht neben mir kam der Gedanke: ‹Sie sind Selbstmörder, gebunden an die Folgen ihres Handelns!›»[70]

Dieser quälende Zyklus des Eingebundenseins eines Menschen in seine Tat wird in der entsprechenden Literatur häufig zitiert. Auch der viel beachtete esoterische Bestseller von James Redfield, die «Zehnte Prophezeiung von Celestine», befasst sich in einem ganzen Kapitel mit den sich stets wiederholenden Abläufen, nicht aber nur in Hinsicht auf Suizid, sondern überhaupt mit dem Schicksal von Wesenheiten, die erdgebunden blieben.

Anstatt ihren Übergang in die geistige Welt zu vollziehen, gibt es Geister, die an die materielle Ebene gebunden bleiben.

Die häufigsten Gründe dafür sind Unwissenheit, Verwirrung, Angst (besonders die, in die Hölle zu kommen), zwanghafte Bindung an Personen oder Orte oder die Sucht nach Drogen, Alkohol, Rauchen, Essen oder Sex. Auch ein fehlgeleiteter Sinn für unvollendete Geschäfte zwingt Seelen häufig, in der physischen Welt zu bleiben. Einige bleiben zurück, entschlossen, Rache zu nehmen. Andere weigern sich, das Fortleben nach dem Tode anzuerkennen, verweigern sich Familienangehörigen oder geistigen Führern, die sie empfangen wollten. Dieser Zustand von Verwirrung und Unwissenheit kann jahrelang andauern.[71]

Das Aufgefangensein durch helfende Geistwesen

Es sei in diesem Zusammenhang darauf hingewiesen, dass diese Geisteszustände von Suizidenten oder anderen erdgebundenen Seelen nicht ewig dauern, sondern auch von der Erkenntnisfähigkeit der veränderten Lebensumstände abhängen.

Dr. Ritchie, wie auch viele andere Nahtoderfahrene, die jenseitige Bereiche schauen durften, berichten übereinstimmend, dass helfende Wesenheiten sich stets in der Nähe der Verzweifelten und Hoffnungslosen aufhalten. Ritchie kommt, nachdem er verschiedene Höllenregionen durchreiste, die nichts anderes als verschiedene *Bewusstseinszustände* sind, zu folgendem Schluss:

«Und plötzlich erkannte ich, dass es eine gemeinsame Erklärung für all die Szenen gab, die ich bis hierher gesehen hatte. Es war der Mangel, Jesus erkennen zu können (d. h.: der Mangel an Liebe! / B. Jakoby). Ob es ein körperliches Verlangen war, ein irdischer Wunsch, ein Verhaftetsein in dem Selbst – ganz gleich, was seinem Licht auch in den Weg trat, es schuf eine Trennung, in die wir mit dem Tod eintreten.»[72]

Es scheint, dass alle Geister schließlich ins Licht gehen. Wir sind unserer eigener ärgster Feind und können bestimmte Obsessionen unseres Lebens selbst nach dem Tod nicht loslassen.

Bei Selbstmördern wurde festgestellt, dass viele als körperlose Wesen zurückblieben und sich ebenso deprimiert fühlten wie vor ihrem Tod – bis sie von Geisthelfern gerettet wurden oder ahnungslos Lebende besetzten. Hingegen gingen andere – laut Edith Fiore –, die sich umbrachten, sofort ins Licht.

Grundsätzlich seien hier noch einmal die wesentlichen Punkte, bezogen auf Selbstmord und Übergang, benannt:

1. **Die Trennung von Leib und Seele vollzieht sich unabhängig von der Todesart. Auch bei einem Suizid ist es möglich, bei der Rückschau auf das Leben die Tat zu bereuen und Vergebung zu finden.**
2. **Grundsätzlich ist eine Flucht vor dem selbst geschaffenen Karma eines Suizids nicht möglich. Die Seele nimmt es in jenseitige Bereiche mit oder sie trägt die Last in späteren Leben ab. Jemand, der Suizid begeht, muss noch einmal auf der Erde inkarniert werden.**
3. **Als Menschen jedoch sollten wir niemals richten über**

jemanden, der sich das Leben nahm. Vielmehr sollten wir, sofern es uns möglich ist, für den Seelenfrieden eines Suizidenten beten.

4. Der Selbstmord zeigt die Möglichkeit des freien Willens der Menschen in der extremen Form des Eigenwillens, der den Todeszeitpunkt bestimmt.

Der geplante Todeszeitpunkt des göttlichen Willens ist dann nicht deckungsgleich mit dem selbst gesetzten. Es bleibt festzuhalten, dass die Eigenverfügung über das Leben de facto von GOTT in die Eigenverantwortlichkeit des Menschen gelegt ist.

5. Suizid ist wie kein anderes menschliches Verhalten ethischen und moralischen Zwängen unterworfen. Er bleibt aber eine Selbstäußerung des Menschen, und da die Möglichkeit jedem denkenden Lebewesen präsent ist, wird es den Suizid auch so lange geben, wie es Menschen gibt.

6. Es gibt fast so viele Motive für einen Suizid, wie es Menschen gibt. Letztlich ist jeder von uns für seine eigenen Entscheidungen verantwortlich. In jedem Fall verursacht ein Suizident bei seinen Angehörigen und Freunden große Schuldgefühle, eine Last, die er mitnimmt auf die andere Seite.

7. Da wir unsterblich sind, können wir uns auch nicht töten. Dennoch trägt jeder Anlass für einen Suizid unterschiedliche Folgen.

8. Die Leere, die durch einen Suizid entsteht, schmerzt mehr als körperliche Schmerzen und das spirituelle Leiden geht weiter, bis der mentale Zustand bearbeitet wird. Dann erfolgt ein Wechsel der Sichtweise und die jenseitige Reise kann weitergehen.

9. Nur durch selbstloses Verhalten, das durch höchste Ideale motiviert ist, ist ein Suizid akzeptabel. Zum Beispiel bei einem Widerstandskämpfer, der ein Geheimnis mit

sich herumträgt und durch Folter Hunderte von Leben preisgeben würde.

Negativerfahrung

Die Erfahrung, dass der Tod nicht das Ende und dass ein Suizid nicht unbedingt die günstigste Lösung ist, machte Stella.

Mary T. Browne, eine amerikanische Hellsichtige, berichtet von deren Nahtoderfahrung. Es handelt sich um eine schwer kranke Frau, die sich durch eine tödliche Dosis Schmerzmittel von ihrem Leiden befreien wollte. Sie wurde von ihrer Tochter gerettet. Sie beschreibt den Ort während ihrer Bewusstlosigkeit:

«Es war sehr düster, fast völlig finster. Die Erkenntnis, dass ich mir etwas Schreckliches angetan hatte, war quälend, und ich wollte in meinen Körper zurückkehren. Es fühlte sich an, als wäre ich in der Vorhölle, weder hier noch dort. Ich hörte meine Tochter weinen, aber ich konnte nicht zu ihr zurückkommen. Es schien unmöglich, vorwärts oder rückwärts zu gehen.

Ich betete und flehte Gott an, mich zu meinem Körper zurückgehen zu lassen. Ich sagte Gott, dass ich nicht wusste, was ich tat, als ich die Tabletten genommen hatte. Stellen Sie sich vor, Sie wären in einem leeren, fast schwarzen Raum, weder tot noch lebendig, wüssten aber doch, dass Sie Menschen wehgetan haben. Ich konnte sie klagen hören.»[73]

Später wachte Stella in ihrem Körper wieder auf und war trotz anhaltender Schmerzen froh, noch einmal die Chance zum Leben zu haben. Sie hatte sich in spiritueller Hinsicht befreit.

Körperliche Schmerzen geben uns auch immer die Gelegenheit, den Blick ins Geistige zu erheben, und sie befreien vom Karma früherer Leben.

Stellas Erfahrung zeigt das Elend, das durch Suizid entstehen kann. Wir können den Herausforderungen des Lebens niemals durch den Tod entfliehen.

Letztlich verzögert ein Suizid die physischen Probleme, da er neue, geistige Leiden hervorruft; zudem muss in einer erneuten Inkarnation dieselbe Situation durchlebt werden.

In der Literatur über Nahtoderfahrungen wird ein Suizid öfter unter den Höllenerfahrungen eingestuft. Allerdings ist festzustellen, dass Selbstmörder genauso häufig wie andere Menschen positive Lichterfahrungen machen. Der Tod ist nur ein Übergang, und wir sind uns der Macht der Gedanken nicht bewusst. Das, was wir denken, manifestiert sich dort umgehend. Gleichzeitig ist eine Begegnung mit dem Bösen, mit dem Dämonischen, mit der Hölle, stets die Begegnung mit der eigenen Angst.

An seinem tiefsten Punkt ist dieser Bewusstseinszustand ein Durchgangsort höherer göttlicher Erkenntnis, da das Gottvertrauen eines Wesens auf dem Prüfstand ist. Sie beinhaltet stets die freie Entscheidung für oder gegen die Liebe.

Ein weiteres Beispiel für einen Menschen, bei dem Selbsttötungsversuche Nahtoderfahrungen auslösten, ist Helen.

Es ist insofern bemerkenswert, als sie 14 Suizidversuche unternahm, zwei davon mit Nahtoderfahrung. Wegen Medikamentenabhängigkeit, Alkoholismus und Homosexualität, womit sie zunächst nicht fertig wurde und was zu einem permanenten Selbsthass führte, nahm sie eine Überdosis Tabletten.

«Ich erinnere mich noch ganz deutlich daran, wie ich über mir schwebte und auf meinen Körper herunterschaute. Ich war an zahlreiche Maschinen angeschlossen ... Ich fühlte mich sehr friedlich, viel besser als da, wo ich vorher gewesen war. Ich war in Wärme und Licht eingetaucht, und die Ruhe war fast greifbar. Ich spürte, dass die Entscheidung darüber, ob ich in meinen Körper zurückkehren oder dort bleiben wollte, nur von mir abhing.»[74]

Doch dann befindet sich Helen plötzlich in einem Supermarkt und begegnet ihrer verstorbenen Großmutter und ihrer Tante.

«Die Erinnerung an meine Todesnähe-Erfahrung ist jedoch auch mit einem panikartigen Gefühl verbunden, weil ich wusste, dass ich zwischen meiner Großmutter und meiner Tante und den lebenden Verwandten entscheiden musste. Und natürlich wollte ich zu beiden.»[75]

Diese Aussage ist insofern bemerkenswert, als sie auf den schon erwähnten Zwischenzustand zwischen Leben und Tod verweist, den viele Depressive und Suizidwillige schon im Leben durchlaufen. Derartige panikartige Reaktionen während eines Suizidversuchs werden häufiger berichtet.

Ein junger Mann erzählte mir die folgende Episode:

«Ich hatte Schlaftabletten genommen und fiel in ein schwarzes Loch. Zwei Tage später kam ich in meinem Körper wieder zu mir, wobei ich halb außerhalb des Körpers war, halb in ihm. Ich konnte mich nicht bewegen, meine Beine gehorchten mir nicht. Ich geriet in Panik, war orientierungslos. War ich tot oder lebte ich noch? Es war ein Ringen um beides. Dann fing mein Herz wie wild an zu schlagen, und eine nie gekannte Angst und Panik erfüllten mich, so grauenerregend, wie ich sie nie zuvor erlebt habe. Wie lange das so ging, weiß ich nicht mehr, doch ich versuchte mich mit aller Kraft gegen die lähmende Müdigkeit aufzubäumen und aus dem Bett zu kommen.

Irgendwann fiel ich auf den Boden. Ich hatte nur noch den einen Gedanken, zur Kaffeemaschine zu gelangen, damit ich nicht sterben musste. Ich hatte einen großen Fehler begangen.»

Todessehnsucht und Suizid

Einiges scheint darauf hinzudeuten, dass ein Suizidversuch, sofern noch ein Rest Lebenswillen besteht, vergeblich ist. Es verhält sich eigentümlich bei Menschen, die häufiger einen Suizid versuchten:

Aus der Forschungsliteratur über Gerettete erschließt sich, dass der Todeswunsch keineswegs damit erledigt ist. Wie in dem vorherigen Beispiel werden viele mehrfach vor Situationen der Wahl zwischen Leben und Tod gestellt. Wenn keiner stirbt, der nicht sterben will (unbewusst) oder soll, so betrifft dieser Sachverhalt natürlich auch den Suizid. Wie sollte es sich sonst erklären, dass der eine sofort beim ersten Mal hinübergeht, der andere fünf Anläufe nimmt ohne Erfolg und der dritte gar schwere Schäden davonträgt für den Rest seines Lebens: motorische Schäden durch falsch dosierte Medikamente oder gar ein zerschmetterter Körper, weil der Sprung aus dem Hochhaus überlebt wurde?

Offensichtlich ist die geistig-seelische Verfassung ausschlaggebend, die Klarheit der Entscheidung.

Da viele Suizidversuche in einem Zustand von Orientierungslosigkeit und Verwirrung begangen werden, wo zwar Hoffnungslosigkeit und Verzweiflung vorherrschen, durchaus aber noch Perspektiven im Leben entwickelt werden können, scheint ein Erfolg davon abhängig zu sein, sich noch für das Leben entscheiden zu können.

Da überdies nichts zufällig geschieht, so konfrontiert ein erfolgreicher Suizid das Umfeld des Betreffenden mit einer Vielzahl von Wachstumsmöglichkeiten. Wem es gelingt, über seine Ängste und Schuldgefühle hinauszuwachsen, wird letztlich seelisch-geistig reifen können.

Der tiefere Sinn liegt nicht unbedingt in der Warum-Frage (Warum hat derjenige das getan?), sondern wie bei jedem anderen plötzlichen Tod im Annehmenkönnen des Unausweichlichen und in der Auseinandersetzung mit der Sterblichkeit des Menschen schlechthin.

Elisabeth Kübler-Ross formuliert diese Zusammenhänge wie folgt: «Alle Schicksalsschläge, Leidenserfahrungen und selbst die größten Verluste, die man durchzumachen hat, auch alle Dinge, von denen man im Nachhinein sagt, ‹wenn ich vorher davon gewusst hätte, würde ich nicht geglaubt haben, sie durchstehen zu können›, sind alles Geschenke ... Es ist eine Gelegenheit, die einem gegeben wird, um seelisch zu wachsen. Dies ist der alleinige Grund unserer Existenz hier auf Erden.»[76]

Niemand tötet sich also, ohne Wachstum zu hinterlassen. Aus geistiger Perspektive, und das wird von Medien, Hellsichtigen, Nahtoderfahrenen und auch in Nachtodkontakten bestätigt – wobei Verstorbene nicht selten bei einem geplanten Suizid einzugreifen versuchen –, ist Selbstmord schlichtweg töricht. Er ist sinnlos, da er Entsprechendes erntet.

«Ein Selbstmord löst nichts», schreibt das bekannte englische Medium Rosemary Althea, «weil die Probleme, mit denen wir im Alltagsleben konfrontiert werden, ganz gleich, um welche es sich handelt, Hindernisse sind, die zu bewältigen wir aufgerufen sind. Es wird immer Probleme geben, egal, was wir tun und wo wir sind, ob auf dieser oder auf der anderen Seite. Wie groß oder klein oder schier unüberwindlich diese Hindernisse werden, hängt davon ab, wie wir mit ihnen umgehen, hängt von unserem Geisteszustand ab.

Wer oder was wir sind, erfährt durch das Sterben keine Veränderung, und ‹Grauer Adler› (ihr Geistführer, d. V.) versichert mir, dass wir unsere Probleme mitnehmen. Wir sollten alle versuchen, zu einem positiven Denken zu gelangen.

Wenn wir unserem Leben auf dieser Seite ein Ende setzen, bedeutet das nur, dass wir an einem anderen Ort diesen positiven und konstruktiven Geisteszustand erreichen müssen.»[77]

Es gibt keine Strafe

Ein anderer wichtiger Aspekt, der in Mitteilungen aus der geistigen Welt immer wieder erwähnt wird, ist die Tatsache, dass es für einen Suizid keine Strafe gibt, dass er nicht verwerflich ist im Sinne von Schuld und Sühne, welches *unsere menschlichen* Grundlagen des Denkens sind. Wenn eine Seele beschließt, den physischen Körper zu verlassen, dann tut sie es!

Wichtig ist es für uns zu erkennen, dass wir unser Leben in jedem Augenblick erschaffen durch das, was wir glauben. Wir selbst entscheiden, wann wir sterben.

«Aber», so führt Claudius, eine geistige Wesenheit, aus, «die Entscheidung über Leben und Tod trifft der Mensch nicht alleine.

Siehe, viele haben aus Verzweiflung heraus, ohne *innerlich* bereit zu sein, ohne innerlich sich damit auseinander gesetzt zu haben, sich eine Kugel in den Kopf geschossen und mussten als Krüppel weiterleben. Glaube mir, wenn es gelingt, wenn es der Seele gelingt, auf eigenen Wunsch den Körper zu verlassen, dann *ist* es ihr Karma, und es wird ihr niemals der Vorwurf gemacht.»[78]

Sterben ist nur losgelöst von materiellen Dingen zu begreifen.

Da ein Suizid auch immer den Wunsch nach einem neuen, besseren Dasein beinhaltet, kann es auch eine Veränderung zur anderen Seite hin bedeuten. Das trifft vermutlich auf eine Vielzahl von Suiziden zu, wo Wahn oder Psychosen zugrunde liegen. In diesen Zuständen ist schon eine Lockerung zwischen Leib und Seele vorhanden, welche auf die Trennung der beiden vorbereitend und mildernd wirkt. So bleibt es den Menschen auch bei einem Suizidversuch nicht unbedingt überlassen, die letzte Entscheidung über Leben und Tod zu fällen. Der Übergang ist bestimmt – auch beim Suizid –, die Voraussetzung aber der Abschluss des Lernprozesses.

Claudius sagt: «Manchmal wird die Gnade gewährt zu vollenden, was begonnen wurde. Manchmal erreicht der Mensch die Vollendung erst nach seinem Hinübergang.»[79]

Dies illustriert sich durch die Aussage von L., der nach seinem Freitod zu seinen Eltern spricht:

«Mir geht es besser als je zuvor und ich konnte vollenden. Es war schlimm für euch, ich weiß es, aber für euch und für mich eine Notwendigkeit.

Schaut, meine Lieben, mein Leben bei euch war eine einzige Sehnsucht nach Vollendung. Ich wollte so sein wie ihr alle, weil dies eure Gesellschaft so erwartet. Aber ich habe gesehen, wie wenig der Mensch wert ist, wenn er diese Erwartungen nicht erfüllt. – Siehe, Vater, der du so schwer getragen hast. Siehe und schau dich um.

Ich konnte nicht mehr weiter und habe die Verzweiflung nicht überwinden können. Glaubt mir, ich bin hier unsagbar glücklich und kann weiter lernen, ohne Angst. Ihr glaubt nicht, wie schön es ist, im Licht zu sein.

Mir wurde Gnade in überreichem Maß zuteil und ihr werdet es selbst erleben dürfen, denn ihr habt euer Schicksal aufgenommen und werdet es zu Ende führen, zur Ehre der Allmacht und euch zum Nutzen. Schaut, dazu kam ich auf die Welt, um zu erkennen. Es war mein Weg, denn Grundvoraussetzung eines Lernprozesses ist nun einmal das Erkennen.»[80]

Die Aussage von L. zeigt, dass er die Gesellschaftsordnung, die ihm aufgezwungen wurde, nicht teilen konnte, weil er sein eigenes Selbst so nicht erfahren und erleben konnte. Er verzweifelte daran, auch wenn diese Verzweiflung für seine Umgebung nicht erkennbar war.

Die Lektion der Hinterbliebenen

Das hat Auswirkungen auf die Hinterbliebenen, wie eigentlich jeder Suizid. Es ist der inwendige Prozess des Bewusstseins und des Erkennenkönnens, ob jemandem auf Erden noch zu helfen ist oder nicht.

Hier nun die Aussage von K. aus der geistigen Welt, der seinem Vater die Situation beim Übergang erklärt:

«Vati, ich war schon vorher aus meinem Körper und habe nichts gespürt, außer dem unbeschreiblichen Gefühl des Losgelöstseins und des Glücks. Schau, du musst es dir so vorstellen, dass du eine ungeheure Last auf den Schultern trägst, die dir den Atem nimmt. Du weißt, dass du erstickst, wenn du diese Last nicht abwirfst. Tust du es, wirst du ungeheure Erleichterung empfinden und ganz tief Luft holen können. Schau, nichts anderes habe ich getan, und du musst dich frei machen von dem Gedanken, dass es schlimm für mich war. Ich habe nichts mehr gespürt, nur noch Befreiung – keinen Schmerz und keine Angst.»[81]

Die geistige, spirituelle Komponente des Suizids scheint in diesen Äußerungen, ja Tröstungen des K. aus dem Jenseits durch. Er versucht, vor allem die Schuldgefühle seines Vaters zu korrigieren. K. verweist auf einen Durchbruch in höhere Bewusstseinsebenen schon vor seinem Tod.

Joel Rothschild gerät nach dem Suizid seines Freundes Albert selber in eine lebensgefährdende Krise. Alle Verluste, die ihm im Leben widerfuhren, treten plötzlich an die Oberfläche. Aufgrund seiner eigenen Aids-Erkrankung glaubt er, sein Leben nicht länger ertragen zu können. Er fühlt sich absolut alleine gelassen. Da bemerkt Joel ein durchscheinendes Licht über seinem Bett und spürt die Gegenwart seines Freundes, der ihn zu trösten versucht. Er hört Alberts Stimme in seinem Inneren, die ihm Folgendes mitteilt:

«Durch meinen Selbstmord wirst du mehr verstehen. Als ich noch am Leben war, dachte ich, das Leben würde sich nur lohnen, wenn die Dinge gut laufen. Wenn ich gesund war, Geld hatte und mit meinem Liebesleben alles in Ordnung war, hatte das Leben einen Sinn. Es lohnte sich, wenn alles so lief, wie ich es mir vorgestellt hatte. Ich weiß jetzt, dass es anders ist.

Joel, du darfst dir nicht das Leben nehmen! Du musst im Leben so weit gehen, wie du kannst! Ich weiß jetzt, dass wirklich jeder Augenblick im Leben wichtig ist und dass sich diese Augenblicke in vielerlei Hinsicht gleichen. In Hinsichten, die dir noch nicht klar sind. Gute und schlechte Tage, Tage, an denen wir gesund oder krank, glücklich, traurig, gelangweilt oder fasziniert sind – sie sind dasselbe. Bei jedem einzelnen Atemzug und in jedem Augenblick deines Lebens bewirkst du etwas. Bewirkst du Dinge, die mit etwas sehr viel Größerem verbunden sind. Du bist Teil von etwas sehr viel Größerem. Wir alle sind Teil dieses übergeordneten Sinns. Freundliche Menschen haben genauso einen Sinn wie grausame, einen Sinn, den du jetzt vielleicht noch nicht verstehen kannst. Jeder Mensch ist wichtig. Und jeder Augenblick ist wichtig, auch die schmerzlichen. Wir sind alle eins. Jetzt bist du darauf beschränkt, einen Augenblick nach dem anderen zu leben ... Spirituelles Wachstum beruht immer darauf, dass du in der Vergangenheit an dir gearbeitet hast ... Du musst so viele Augenblicke des Lebens leben, wie du ertragen kannst. Für dich – und für jeden anderen – hat jeder Augenblick des Lebens Sinn und Zweck. Auch die Augenblicke, in denen wir leiden und die uns wehtun, haben einen Sinn. Jedes Leid ist mit einem übergeordneten Guten verbunden, das du jetzt vielleicht nicht verstehen kannst ... durch meinen Tod wirst du lernen und wachsen! Du wirst erkennen, dass es mein Weg und mein Schicksal war, mein Leben zu diesem Zeitpunkt zu beenden. Es war die Lektion meines Lebens.»[82]

Die Eigenverantwortung des Menschen

Die transpersonale Psychologie geht von einem ganzheitlichen Menschenbild aus, wonach psychische Erkrankungen häufig spirituelle Bewusstseinserweiterungen beinhalten.

Das heißt nichts anderes, als dass statt sofortiger Medikamentengabe, unter Begleitung von Ärzten und Therapeuten, eine Psychose ausgelebt wird. In diesem Zusammenhang erkannte Stanislav Grof, dass sich «hinter der Neigung sowohl zum nicht gewaltsamen als auch zum gewaltsamen Selbstmord ein verzerrtes und nicht erkanntes Streben nach Transzendenz offenbart».[83]

Es ist bemerkenswert, dass einer der bekanntesten Bewusstseinsforscher unserer Zeit aus seiner reichhaltigen Erfahrung heraus Ähnliches äußert wie die zuvor vernommenen Stimmen aus der geistigen Welt:

Der Suizid *kann* dem Wunsch entsprechen, in die geistige Welt zurückzukehren, in seine eigentliche Heimat, wobei die innerliche Bereitschaft, das Bewusstsein davon, ausschlaggebend ist.

In einer Vielzahl von Fällen herrscht allerdings Orientierungslosigkeit, Verwirrung und Angst vor. Wenn das Motiv eines Selbstmords ein Entfliehenwollen ins Nichts ist, sollte ein solcher

Entschluss sehr wohl erwogen werden. Die Unterschiedlichkeit und Ambivalenz der dargestellten Äußerungen der geistigen Welt resultieren genau aus diesen Zusammenhängen. Letztlich geht es bei einer Selbsttötung um die menschliche Eigenverantwortung – insofern erklären sich daraus die Ungereimtheiten.

In einem tieferen Sinne vermittelt uns als Hinterbliebene ein Suizid eine Begegnung mit unserem eigenen Selbst in Form der Intuition. Das möchte ich an zwei Beispielen aus eigenem Erleben illustrieren: Ingo (43), aidskrank, war in seinen letzten Jahren häufig in Berührung mit dem Sterben gekommen: Zum einen durch intensive Sterbebegleitung bei engsten Freunden, zum anderen war er in dem Jahr, bevor ich ihn kennen lernte, zweimal auf der Sterbestation in der Geriatrie. Dass derart weitgehende Erfahrungen, zweimal schon im Sterben gelegen zu haben, einen Menschen prägen und verändern, ist offensichtlich.

In der folgenden Zeit suchte er nach einem Ort, an dem er sich geborgen fühlen konnte. Seine engsten Bezugspersonen waren schon hinübergegangen: seine Mutter und sein Freund, mit denen er in engem geistigen Kontakt stand. Die Umwelt verstand ihn nicht mehr, wendete sich ab, da er sich ausschließlich mit Sterben und Jenseits befasste.

Als ich ihm das erste Mal begegnete, sah ich in seinen strahlenden Augen schon das Gelockertsein der Seele, aber auch seine Verzweiflung, noch hier zu sein. Mein erster Eindruck war, dass er nicht mehr lange leben würde. In der Folgezeit hatten wir viele intensive Gespräche. Schließlich bat er mich, ihn nach Süddeutschland zu begleiten, da er ein Hospiz besichtigen wollte, um sich einen Ort zu suchen, zu dem er gehen konnte, wenn sich seine Erkrankung verschlechtern würde.

Ich reiste nach einer Woche zurück, er blieb noch ein paar Tage. Als er dann nach Berlin zurückkehrte, schien er durcheinander, gespalten. Einerseits zutiefst verzweifelt, andererseits neue Impulse suchend, leben zu wollen.

Am Sonntagabend rief er mich, wollte sich in eine psychiatrische Klinik einweisen lassen. Ich verschob es auf Montagmorgen. Bis Mittag saßen wir in der Eingangshalle und warteten auf einen Arzt. Ich verabschiedete mich, als es feststand, dass er ein Bett erhalten würde. Er ließ sich dann am Nachmittag wieder entlassen, rief aber niemanden mehr an. Als ich am nächsten Tag in der Klinik anrief, teilte man mir ebendies mit.

Ich fuhr zu seiner Wohnung, kam aber trotz Schlüssel nicht rein. Sie war von innen verriegelt. Ich rief die Polizei, die die Wohnung aufbrechen ließ. Ingo lag mit entspannten Gesichtszügen auf dem Bett, die Hände über Kreuz auf dem Brustchakra liegend. Er hatte sich mit Tabletten das Leben genommen. Die Atmosphäre im Zimmer war friedlich, ausgewogen, harmonisch, sodass selbst die Kriminalbeamten flüsterten. Ingo hatte seinen Frieden gefunden – das spürten alle Anwesenden intuitiv.

Dieser Suizid hinterließ bei mir keinen bitteren Nachgeschmack noch irgendwelche Schuldgefühle. Es war nicht schrecklich, denn er hatte erreicht, was er seit Jahren wünschte: wieder in der geistigen Heimat zu sein! Ingo war auf Erden buchstäblich nicht mehr zu helfen gewesen.

Ganz anders war das Gefühl, als ich vom Tod Monikas erfuhr. Hier war ich nicht anwesend, bekam von ihrem Suizid Kenntnis durch ein Telefonat. Vor einigen Jahren waren wir befreundet gewesen, hatten uns aber auseinander gelebt, nicht zuletzt wegen ihres kaum noch kalkulierbaren Alkoholismus. Wir wohnten gegenüber, sahen uns fast täglich, grüßten uns, manchmal wechselten wir ein paar Worte. Wir wollten uns treffen, doch dazu kam es nicht mehr. In der Nacht von Gründonnerstag auf Karfreitag sprang sie aus dem Küchenfenster im dritten Stock. Sie war sofort tot. Monika hinterließ vier erwachsene, problembeladene Kinder und hielt sich für die personifizierte bedingungslose Liebe.

Tod und Suizid

Kein Selbstmord ist wie der andere. Was in einem Suizidenten vor sich geht, vermögen wir nie in letzter Konsequenz zu begreifen. Die Frage nach dem Warum ist ein inwendiges Problem des Suizidenten selbst, weil nur er Aufschluss geben kann über seine seelisch-geistige Verfassung. Oft sind es Dinge, die von außen nicht zu sehen oder zu bemerken sind.

In Wirklichkeit sind fast alle Tode eine Form von Suizid – bewusst oder unbewusst. So ist es zum Beispiel bei Krebs, der als eine akzeptierte Form des Todes gilt, wobei die Umstände durch die betreffende Person selbst herbeigeführt wurden. Dem liegen meistens unerträglich lang andauernde Situationen zugrunde und der Mensch hat die Hoffnung auf Besserung verloren. Natürlich ist das nicht in jedem Fall so, aber bei vielen unheilbaren Krankheiten findet sich ein zugrunde liegendes Dilemma, wo nach einem Ausweg gesucht wird. Diese Menschen würden sich niemals selbst das Leben nehmen. Sie *wählen* aber eine Krankheit, um endlich gehen zu können.

Heilungen im Endstadium sind dann möglich, wenn das dahinter stehende geistige Prinzip erkannt und aufgelöst werden kann. Die Frage ist immer, ob eine Entwicklung in Fleisch und Blut umgesetzt werden kann. Dabei gilt eine unheilbare Krankheit als Wahlmöglichkeit, dem eigenen Scheitern der Hoffnung auf akzeptable Weise zu entkommen. Wir sind alle für uns selbst verantwortlich. Emotionen und Stress, die unbearbeitet bleiben und nicht aufgelöst werden, öffnen die Tür für eintretende Erkrankungen. Auch Viren werden durch ständigen Druck aktiviert.

Wir treffen die Wahl zum Leben oder zum Tod. Vermutlich so lange, bis wir endlich begreifen, dass das Leben ewig ist. Also geht es immer darum, wie wir über die Dinge denken, was im Kern unserer Gedanken geschieht. Das ist uns Menschen leider häufig nicht bewusst. Todeswünsche können somit auch auf einem verborgenen, nicht zugänglichen Level geäußert werden.

Das ist auch der Schlüssel zum Verständnis des Suizids: Jemand, der sich selbst tötet, hat eine bewusste und offene Entscheidung getroffen, sich von seinem Körper zu befreien. Jene, die an Krankheit dahinsiechen oder die einen plötzlichen Unfalltod erleiden, machen im Grunde dasselbe, nur dass das weniger bewusst ist. Manche wissen, dass sie sterben wollen, und hinterlassen Zeichen oder Botschaften.

Selbst wenn Todeswünsche unbewusst sind, finden sich dennoch subtile Hinweise im Bewusstsein. Das äußert sich mitunter in dem starken Drang, Dinge zu verändern oder etwas ganz anderes zu machen. Auch schlechte Essgewohnheiten oder Süchte aller Art sind Hinweise. Immer spielen wir selbst bei allem, was uns widerfährt, eine aktive Rolle. Die Gesamtumstände eines Lebens werden natürlich erst auf der anderen Seite bewusst, da nun das Leben aus einer größeren Perspektive betrachtet wird.

Als Menschen bleibt uns nichts anderes übrig, als den Suizid mit all seinen Folgen zu akzeptieren als eine Möglichkeit für jeden von uns.

Er kann uns vielleicht die Einsicht vermitteln, dass durch unser heutiges Wissen über ein Fortleben nach dem Tod hinter allem Gott als bedingungslose Liebe steht. Diese Liebe vermag mehr an Verständnis, Vergebung und Gerechtigkeit zu geben, als wir es uns als Menschen vorstellen können.

Was ein Selbstmörder von uns als seinen Mitmenschen braucht, ist keine Verurteilung seiner Person und Handlungen, sondern Liebe und Verständnis.

Nur der kann verstehen, der lieben kann!

10. Kapitel

Die Einsamkeit des Geistes

In diesem Kapitel erfahren Sie

- **von einem bewegenden allgemein gültigen Abschiedsprotokoll eines 19-jährigen Selbstmörders**
- **warum manchmal ein Suizid unausweichlich ist**
- **was im tiefsten Inneren eines jungen Menschen vor sich geht, der Suizid begeht**
- **dass wir durch einen Suizid nach dem Tod nicht bestraft werden**
- **von der weiteren Entwicklung des Jugendlichen in der geistigen Welt**

Was Christian auf den Anrufbeantworter gesprochen hat

Anfang 1998 erhängte sich der 19-jährige Christian in seiner Wohnung. Er hinterließ ein aufrüttelndes Abschiedsprotokoll auf seinem Anrufbeantworter, was mir später von seinem Pflegevater, Herrn Krauss, übergeben wurde, der an einem Seminar bei mir teilnahm. Aufgrund der Allgemeingültigkeit und Einmaligkeit des Protokolls und der Aussagen Christians vor und nach seinem Tod entschloss ich mich, Auszüge daraus zu veröffentlichen. Mögen sie vielen jungen Lesern helfen, besser mit ihrem Leben umzugehen, und die Erkenntnis bereiten, dass es für viele scheinbar hoffnungslose Probleme bessere Möglichkeiten der Veränderung gibt als den Selbstmord.

Christian war ein junger Mensch, der mit seinem Leben nicht klarkam. Sein Pflegevater hatte versucht, ihn in einer Lehre unterzubringen, aber bedingt durch den Einfluss falscher Freunde und Drogen aller Art bekam er sein Leben nicht in den Griff. Er verbarg stets seine wahren Gefühle vor den anderen und geriet dadurch immer mehr ins innere Abseits, weil er sich nicht selbst lebte. Das Protokoll zeigt auf, warum Christian zwangsläufig am Leben scheitern musste.

Die geistige Befindlichkeit des Jungen reflektiert das Denken größerer Teile der heutigen Jugend zwischen Ablehnung der Gesellschaft, wie sie ist, und Drogenabhängigkeit aller Art.

Der innerste Kern eines Selbstmörders wird offen gelegt. Christian ließ nach seinem Tod mehrfach verlautbaren, dass er ausdrücklich die Veröffentlichung seines Protokolls wünscht.

Sein Pflegevater hatte Ende 1998 eine Sitzung mit einem Medium, wo der Kontakt zu Christian hergestellt wurde. Fast zwei Jahre später, Anfang 2001, lässt Christian Herrn Krauss an seiner jenseitigen Entwicklung teilnehmen. Diese beiden Gesamtprotokolle liegen mir ebenfalls schriftlich vor.

Das Protokoll

Christian beginnt seine Ausführungen mit der Aussage, dass die Menschheit in einem falschen Glauben lebt.

«Es sagt nicht jeder, was er wirklich denkt, das, was er für richtig hält, und das gibt keine Befriedigung. Es gibt kaum Freundschaft. Es gibt nur Freundschaft in ganz bestimmten Kreisen. Freundschaft ist einfach viel zu wenig da. Jeder ist gegen jeden. Das war's dann. Tschüs! ...

Außerdem glaube ich auch nicht, dass meine Persönlichkeit entwickelt ist – oder weiterentwickelt ist. Ich habe das Gefühl, dass sie noch so kindisch ist. Das merke ich meistens, wenn ich richtig allein bin. Also wenn wirklich keiner bei mir ist. Wenn irgendjemand kommt, dann verstelle ich mich automatisch, ohne dass ich es selber weiß.»

Christian spricht nun davon, dass ihm eigene Lebenserfahrung fehlte und er deswegen die Verhaltensweisen anderer oder vorgesetzte Klischees aus dem Fernsehen imitierte, um seine eigenen Gefühle zu verstecken.

«Und deswegen habe ich auch vieles übernommen. Meine Persönlichkeit ist dabei auf der Strecke geblieben. Ziemlich sogar, weil ich immer das Gefühl hatte, ich muss mich beweisen. Das stand mir irgendwie alles bis zum Kopf.»

Eine gescheiterte Beziehung nagt an ihm.

«Einmal in meinem Leben hatte ich wirklich das Gefühl, dass ich gebraucht werde. Aber die ist jetzt eben auch weg. Ich glaube nicht, dass dafür Platz in dieser Gesellschaft ist. In dieser Gesellschaft muss man etwas leisten, aber ich weiß nicht genau, was ich leisten will.

Das Einzige, was mir im Leben Spaß gemacht hat, ist die Musik. Die Musik war immer da für mich. Ich konnte immer auf sie zurückgreifen. Sie hat mich immer abgelenkt von allem.

Das war's bis jetzt. Tschüs! …

Für mich ist das Leben auch da, um darüber zu reden, was man denkt. Aber ich habe das Gefühl, wenn man den Leuten das sagt, was man in dem Augenblick denkt, dass die das eben ausnutzen oder irgendwann einmal darauf zurückkommen. Man kann zu den Leuten nicht ehrlich sein. Die meisten Menschen sind auch nicht ehrlich. Ich rede jetzt im Allgemeinen. Man kann den Menschen nicht die Wahrheit sagen. Man weiß absolut nicht, was der Nächste denkt, und das hat alles mit Zufall zu tun. Irgendwie ist das alles Scheiße! …

Wenn ich so darüber nachdenke, dann hat mir im Leben auch die Zuneigung gefehlt – einfach nur die Zuneigung, die jeder Mensch braucht. Ich habe sie eben nicht bekommen. Oder nicht an mich herangelassen. Oder beides, aber zum größten Teil nicht bekommen.

Ich hasse das Leben! …

Ich habe schon öfter versucht, mich umzubringen. Gestern und vorgestern habe ich es auch versucht mit Schlaftabletten. Ich weiß nicht, aber es wirkt nicht so bei mir. Ich weiß nicht … keine Ahnung … es klappt eben nicht mal bei einer sehr großen Überdosis. Ich habe auch davor schon öfters versucht, mich umzubringen. Es hat eben nie geklappt. Ich hab's dann immer wieder versucht. Ich sehe jetzt da keinen Sinn mehr darin. Warum? Warum soll ich?

Das war's dann. Ich weiß nicht, ob ich jetzt nochmal was raufspreche. Es fällt mir immer so ein, was mir durch den Kopf geht, was ich noch nicht rauferzählt habe. Und dann komm ich immer her und erzähl's. Ihr seht ja, was mit dem Band passiert. Aber alle sollten es hören. Die sollten dann wirklich das wissen, was ich denke, was mir durch den Kopf geht, was meine Gefühle sind.

Das war's dann eben. Vielleicht werde ich nochmal wiederkommen. Ich bin mal gespannt, mal gucken ...

Und wenn ihr denkt, dass es mir leicht fällt, dann irrt ihr euch gewaltig. Es ist für mich auch ein großer Schritt oder Abgang. Also, es fällt mir auf keinen Fall leicht, denn die wenigen Menschen, die mir wirklich etwas bedeuten, die sehe ich einfach nicht fürs ganze Leben. Es zählt irgendwie nicht fürs ganze Leben.

Deswegen hasse ich das Leben auch ...

Aber eins möchte ich zum Abschluss noch sagen. Es gibt die physikalischen Gesetze, aber es gibt noch eins mehr: die Gefühle. Das kann kein physikalisches Gesetz erklären. Also muss es ein neues geben. Und dieses Gesetz kann niemand herausfinden.

Wenn man Gefühle unterdrückt, dann ist man angesehen; wenn man alles immer logisch erkennt. Aber sobald es abwärts geht, sobald man es nicht mehr ganz richtig logisch erkennt, sondern vernebelt, also sobald man nicht mehr so richtig denken kann, spielen die Gefühle mit. Und sobald die Gefühle mitspielen, kann man kein richtiges Leben mehr führen – in dieser Gesellschaft, so wie sie jetzt ist.

Ich weiß nicht, also mir ist eigentlich vollkommen egal, was mit mir passiert. Ich werde wahrscheinlich sterben ...? ... hoffe ich mal! Und mit einer anderen Dimension – nein, weiß ich nicht, ich lasse mich überraschen. Wenn ich sage, ich lasse mich überraschen, dann heißt es, dass ich abwarten werde, nein, dass ich gucken werde, was passiert. Dass ich sehen werde, was passiert. Ich werde es auf jeden Fall mitkriegen. Vielleicht sterbe ich für immer, das war's, oder ich komme nochmal wieder. Aber das weiß ich nicht – das ist nur Spekulation. Fernsehen. Deswegen lasse ich mich einfach überraschen.

Nochmal für alle gesagt: Es tut mir Leid, dass ich das machen muss. Wie gesagt, ich muss es machen. Es bleibt mir nichts anderes übrig. Ich komme in dieser Gesellschaft hier nicht klar. Und die Gesellschaft ist eben dafür, dass man die Gefühle verbirgt. Dafür bin ich nicht geboren. Ich bin dafür geboren, das fühle ich einfach, dass man die Gefühle ausprägt, zeigt. Aber dafür sind sie nicht da auf der Welt. Wenn ich meine Gefühle zeige, dann werde ich so behandelt wie – richtig – früher. Und das will ich eigentlich nicht. Früher wurde ich so behandelt in der Klasse wie ein totaler Außenseiter. Ich will nicht immer logisch denken müssen, ich will auch meine *Gefühle* zeigen können.

Ich will einfach, dass die Menschen mich so verstehen, wie ich bin, und nicht, wie ich mich zeige!

Mir kann wirklich keiner helfen. Nicht einmal, wenn ich darüber spreche. Ich weiß nicht, ob ihr jetzt damit klarkommt, was ich jetzt erzähle, aber ich hoffe es mal. Ich bin zwar jetzt etwas angetrunken, aber ich meine es eigentlich absolut ernst, so wie ich es meine. Und ihr sollt es wissen, dass es mir wirklich schwer fällt, was ich jetzt mache. Wirklich sehr schwer. Sehr, sehr schwer. Aber es muss sein, weil wenn ich älter werde, bin ich garantiert auch noch so, dass ich nicht meine Gefühle so zeigen kann.

Es tut mir so Leid! Ich liebe euch, die Menschen, die mir wirklich was bedeutet haben, die liebe ich. Sehr viele gibt's davon nicht. Es gibt nur ein paar.

Und wenn ich wirklich ich selbst bin, dann geht es einfach nicht, dass ich hier hereinpasse. Es geht nicht, weil ich nehme einfach, nein, ich nehme es nicht zu persönlich, aber ich nehme es eben *wörtlich* und ein Wort ist wie ein *Pfeil*, den man abgeschossen hat. Man kann ihn nicht zurückholen und das wünsche ich mir manchmal, aber ich rede manchmal zuerst, bevor ich denke, weil ich im ersten Augenblick denke, es ist genauso richtig. Wenn ich dann später darüber nachdenke, dann ist es eben auch total falsch, weil eben die Gefühle im Spiel waren. Wenn die Gefühle im Spiel sind, dann ist es genauso, als wenn man es später nochmal überlegt. Dann ist es absolut anders. Deswegen ist es eben absolut Scheiße dieses Leben ... Lebt wohl! ...

Wenn ich es wirklich geschafft hätte, dass Simone bei mir bleibt, dann hätte ich alles überwunden. Aber so geht es eben nicht. So geht es irgendwie nicht.

Aber was ist im Leben eine Minute oder vierzig Jahre? Gar nichts!

Und Simone war in meinem Leben der einzige Mensch, den ich geliebt habe. Echt! Ich wiederhole es: Simone war der einzige Mensch, den ich so richtig geliebt habe.»

An dieser Stelle verstummt das Band ...

Was Christian aus dem Jenseits mitteilte

Einige Wochen nach Christians Tod erfuhr Herr Krauss von der Möglichkeit, mit Hilfe eines Mediums Kontakt zu einem Verstorbenen aufzunehmen. Da er sich irgendwie schuldig fühlte, weil er zum Zeitpunkt des Selbstmordes verreist war, entschloss er sich zu diesem Schritt. Obwohl Herr Krauss zunächst sehr skeptisch war, stellte das Medium sofort einen Kontakt zu Christian her.

«Hier ist ein junger Mann. Er sieht aus wie um die 18. Er hat kurzes Haar und die stehen ein bisschen in die Luft. Wenn ich auf ihn schaue, sagt er mir, dass er ein kleiner Feger war, als er jünger war. Er sagt das etwas spaßhaft.

Er ist sehr schnell in dem, was er sagt. Er ist richtig freudig erregt, es steckt viel Energie in diesem Jungen.

Er sagt, er ist überrascht, Sie hier zu sehen, da er weiß, dass Sie ein bisschen skeptisch sind.

Er spricht über Ihre Beziehung zu ihm in den ersten Jahren, die Sie zusammen waren und wie sehr Sie ihm geholfen haben. Sie haben ihn beruhigt und versucht, ihn zu festigen und ihn angeleitet, vorwärts in die Zukunft zu blicken. Er war nicht so optimistisch wie Sie. Er war ein sehr pessimistischer Junge.

Am Ende seines Lebens beging er Selbstmord. Unmittelbar davor hatte er längere Zeit nicht daran gedacht. Es war irrational und er folgte einem Impuls. Die Dinge haben für ihn besser ausgesehen. Und er sagt, dann hat ihn jemand abgewiesen. Und deswegen hat er es getan. Er konnte mit der Ablehnung nicht klarkommen. Er hatte das Gefühl, sein ganzes Leben abgelehnt worden zu sein. Er sagt, seine Eltern haben ihn nicht gewollt. Oder besser gesagt: Sie konnten nicht angemessen mit ihm umgehen.

Er sagt mir, die letzten sechs Monate seines Lebens waren die schlimmste Zeit, weil er zu viel allein war. Er hatte zu viel Zeit zum Denken.

Normalerweise war er ein Typ zum Überleben und hat immer einen Punkt gefunden, an dem er sich hochziehen konnte.

Und er sagt, er war ein sehr schlanker, ein dünner junger Mann. Und am Ende seines Lebens, als er dies tat, stieg er auf einen Stuhl oder einen Tisch. (!) Seine Tat war kein Hilferuf oder Ruf um Aufmerksamkeit – er hatte genug: ‹Es war zu schwer für mich.›

Christian nahm Drogen und spricht nun darüber.

Das war seine Flucht und seine Erlösung. Und er wusste, dass er sein Leben lang drogenabhängig sein würde. Und das ist auch ein Grund, warum er sich das Leben genommen hat. Früher hatte er in Armut und Schmutz gelebt, weshalb er sich außerhalb des Lebens und der Gesellschaft sah. Nur die Zeit mit Ihnen gab ihm das Gefühl von Normalität.

In dieser Zeit fühlte er sich normal, obwohl er wusste, dass er nicht immer bei Ihnen bleiben konnte. Er musste unabhängig werden.

Sie sorgten sich um ihn wie um einen eigenen Sohn und Sie

taten viele Dinge zusammen. Sie bemühten sich, ihn nicht einzuengen, ihm seine Freiheit zu lassen. Es war ihm möglich, die Dinge zu tun, die er wollte, ohne die Fragen der ‹spanischen Inquisition›. Das war wichtig. Weil er niemandem Rechenschaft schuldete. Er hat niemals gesagt, was er tat, wenn Sie ihn gefragt haben. Er hat es Ihnen gesagt, wenn Sie nicht gefragt haben – es musste freiwillig kommen.

Er trank manchmal – er trank Wein. Ich sehe, wie er aus der Flasche trinkt. Es kann auch Bier sein. Für mich sieht es wie eine Weinflasche aus.

Er freut sich, dass er heute hier für Sie da ist. Er sagt, Sie haben in der letzten Zeit viel über ihn nachgedacht. Sie haben seine Energie gefühlt und seine Gegenwart gespürt. Wenn Sie ganz ruhig sind und ein Buch in der Hand haben und manchmal den Kopf heben, dann wissen Sie genau, dass er da ist. Das sagt er mir.

Und er möchte Ihnen zeigen: ‹Ja, ich bin da für dich. Ich bin immer für dich da.›

Christian ist ein sehr verwirrter Jugendlicher, weil er ein sehr schweres Leben hatte. Er war sehr unsicher. Alles, was er wollte, war, geliebt zu werden. Er sagt, Sie waren die einzige Person, die ihm Liebe und Zuneigung und Aufmerksamkeit gegeben hat. Er hatte es niemals zuvor und danach.

Er weiß, wie Sie sich fühlen, weil er allein gelebt hat und nicht weiter mit Ihnen. Sie machen sich Vorwürfe, nicht genug auf ihn aufgepasst zu haben, aber er hätte es trotzdem getan, sagt er. Sie wollten, dass er in einer realistischen Welt lebt. Die Welt, in der er vorher gelebt hat, war nicht realistisch. Das Leben auf der Straße ist rau, aber nicht realistisch.

Und er sagt, die Zeit mit Ihnen war eine wertvolle Zeit.

Er sagt, Sie haben ihm die Augen geöffnet und seine Einstellung erweitert für so viele Dinge, und das war wichtig für Sie und ihn.

Sie haben versucht, sein Denkmuster zu verändern. Sie haben ihm gesagt, er solle es nicht so sehen oder aufhören, es so zu sehen. Er müsse etwas aus anderer Perspektive sehen, er habe ein eingeengtes Blickfeld. Er konnte die Dinge nur für sich sehen, weil er selber auf sich aufpassen musste, nur so konnte er lange überleben.

Und Sie schreiben viel?»

Herr Krauss: «Ich habe über seinen Tod geschrieben.»

«OK. Er weiß von diesem Bericht, den Sie über ihn geschrieben haben. Und er ist Ihnen sehr dankbar dafür, weil er möchte, dass andere Menschen wissen sollen, dass sein Leben nicht vergeudet war. Er weiß, er machte das meiste aus seinem Leben in den wenigen Jahren, die er mit Ihnen hatte. Das war der Sonnenschein in seinem Leben.

Dieser Bericht bedeutet ihm unheimlich viel, weil er anderen damit helfen will.»

Christian bestätigt im weiteren Verlauf der Sitzung, viele persönliche Dinge über seine Beziehung zu Herrn Krauss. Er berichtet sogar von Ereignissen nach seinem Tod, für die er verantwortlich war. Gegen Ende der Sitzung fragt Herr Krauss konkret nach dem Freund, den er für den Drogenkonsum Christians verantwortlich hält. Christian bestätigt die Vermutung von Herrn Krauss, aber er gesteht auch, dass er schwach war. Er ließ sich leicht durch andere manipulieren, weil er die Konsequenzen seiner Handlungen nicht überblickte.

Herr Krauss will nun noch einmal wissen, ob der Suizid zu verhindern gewesen wäre.

«Er sagt mir, Sie hätten es nicht verhindern können. Wenn es nicht an diesem Tag passiert wäre, wäre es ein anderer gewesen. Er hatte eine starke Neigung zur Depression. Er war eine bedrückte Seele, teilweise wegen der Drogen, die er genommen hat. Es konnte nicht verhindert werden. Alles, was er heute tun möchte, ist, Ihnen zu versichern, dass es nichts gab, was Sie hätten tun können. Mehr als das: Die Zeit mit Ihnen war sehr wichtig für ihn, er erfuhr mehr vom Leben als jemals zuvor. Das ist das Wichtigste, was Sie wissen sollten.

Sie haben genug gelitten, Sie sollen nicht mehr leiden. Er möchte Ihnen sagen, dass er immer für Sie da sein wird. Alles, was dazu nötig ist, ist, mit ihm zu sprechen. Und er wird immer für Sie da sein.»

Anfang 2001 hatte Herr Krauss eine weitere Sitzung mit einem anderen Medium.

Wieder erscheint Christian, den das Medium korrekt beschreibt: Mit kurzen, abstehenden Haaren, aber er ist gealtert.

«Er hat sich nicht so gut angezogen. Eher lässig, sehr lässig. Er bewirkt, dass mir kalt wird, sehr kalt! War dieser junge Mann drogensüchtig? Er bewirkt, dass mir sehr kalt ist, auch im Inneren. Starb er an einer Überdosis Drogen? Dieser junge Mann sagt mir, dass man ihm sehr schlechten Stoff gegeben hatte. Er glaubt, dass es sein Leben nicht wert war, gelebt zu werden. Ja, er hat es mit allem probiert, sich umzubringen, dieser junge Mann. Das ist der Einfluss der Drogen, sagt er. Ich fühle eine innere Einsamkeit und Traurigkeit ... Selbstmord war die einzige Art, wie er damit umgehen konnte.

Er war fürchterlich durcheinander. Grundsätzlich war er ein guter Junge. Aber er kam von den Leuten nicht los, die ihn mit den Drogen in Verbindung gebracht hatten. Nur Sie, Herr Krauss, gaben ihm etwas Stabilität.

Er war eine sehr traurige Person und er sagt, es gab keine Hoffnung für ihn. Er ist glücklich in der Welt, die er jetzt gewählt hat. Er hat eine lange Zeit gebraucht, sich in dieser neuen Welt einzugewöhnen. Man begegnet ihm mit viel Liebe und Freundlichkeit.

Er weiß, dass er die Gelegenheit nicht genutzt hat, die Sie ihm gegeben haben. Er bittet Sie um Vergebung für die Art und

Weise, wie er Sie behandelt hat. Er entschuldigt sich für die Fehler, die er gemacht hat. Aber jetzt hat er sich der neuen Welt angepasst. Er lernt hier eine ganze Menge, Ihr Vater kümmert sich jetzt um ihn ...

Und er sagt, seit er in der geistigen Welt ist, hat er erkannt, dass es viele Menschen gibt, die viel Geld machen durch Menschen wie ihn, die Drogen nehmen. Es ist sehr traurig, dass die Menschheit so materialistisch bestimmt wurde.

Er geht jetzt zu Vorträgen in der geistigen Welt, wo er wunderbaren Rednern zuhört zu unterschiedlichen Themen. Und er versteht heute sehr viel mehr, als er je auf Erden lernen wollte.»

Christian bittet seinen Pflegevater um Vergebung und dankt ihm zutiefst für alles, was er für ihn getan hat: «Jetzt, da ich in einer anderen Welt als du lebe, ist meine Verbindung zu dir viel größer. Glaube es oder nicht! Aber ich höre alle deine Gedanken. Bitte verschwende nicht deine Gedanken in irgendeiner Form. Ich hatte die Gelegenheit, mein Leben zu ändern, um ein guter Bürger der Welt zu sein. Ich habe mich anders entschieden. Aber das soll nicht heißen, dass ich nicht anerkenne, was du für mich getan hast. Danke! Danke!»

Stephen lebt

Die Frage bei einem Suizid ist weniger die nach dem Warum, da das in den wenigsten Fällen jemals geklärt werden kann. Wenn wir es mit Selbstmord zu tun haben, sollten wir uns vielmehr fragen: «Was können wir daraus für unser Leben lernen? Wie können wir an dem Erlebten wachsen? Wie kann ich aus meinem Schmerz lernen und anderen helfen?»

Es geht immer um das innere Wachstum. Das Buch «Stephen lives» wurde Anne Puryear, der Mutter Stephens, von ihrem Sohn aus dem Jenseits diktiert. Seine Absicht ist es, anderen Jugendlichen mit diesen Mitteilungen zu helfen und sie erkennen zu lassen, dass es im Leben immer andere Möglichkeiten gibt, als Selbstmord zu begehen. Selbsttötung löst kein Problem. Es erzeugt stattdessen unerträgliche seelische Schmerzen und viel Leid – auf beiden Seiten. Es wird versucht, die Strukturen, die Worte und Handlungen aufzuzeigen, die bei sensiblen Kindern irreparable Schäden anrichten. All das kann uns als Leser helfen, das eigene Leben und das von verzweifelten Kindern zu verändern. Es kann helfen, die Zeichen richtig zu deuten, bevor sich jemand das Leben nimmt.

In den Vereinigten Staaten wird alle zweieinhalb Minuten ein Selbstmordversuch gemacht. Allein zwei Millionen (!) Teenager versuchen es im Jahr, 6000 davon gelingt es. In der Altersklasse zwischen zehn und 25 Jahren ist es die häufigste Todesursache. Bei über 400 000 Jugendlichen werden pro Jahr Depressionen diagnostiziert. Viereinhalb Millionen Jugendliche haben Übergewicht, was zu Ablehnung, Hänselei, Isolation, Depression und daraus resultierenden lebenslangen Problemen mit dem Selbstwertgefühl führt.

Ein Selbstmordversuch zerstört häufig das Familiengefüge und die Scheidungsrate steigt um 70 Prozent nach dem Suizid eines Kindes. Kummer, Schuldgefühle, das Gefühl, versagt zu haben, führen dazu, dass das Leben nicht mehr wie vorher ist. Vor allem steht die unendliche Qual nicht zu verstehen bzw. verstehen zu wollen, warum das Kind sich das Leben nahm.

Oft haben Eltern das Gefühl, die Zeichen nicht erkannt zu haben, was zu einem unendlich scheinenden Versagensgefühl führt. Es fällt schwer, andere verantwortlich zu machen, da ein Kind der Verantwortung der Eltern untersteht.

Die häufigste Frage in diesem Zusammenhang ist dann: «Warum kann GOTT so etwas zulassen?» Oft führen die unentwegt kreisenden Gedanken zum totalen Zusammenbruch. Die emotionale Heilung dauert lange. Durch die gemeinsame Erinnerung von Angehörigen und Freunden an bessere Zeiten, die mit dem Verstorbenen erlebt wurden, kann der Verlust akzeptiert werden und Frieden und Heilung bringen. Wenn ein Suizid nicht verschwiegen wird und Eltern über ihr Kind offen reden, führt das dazu, sich selbst vergeben zu können, obwohl das Gefühl vorherrscht, versagt zu haben. Die Heilung der Seele beginnt. Obwohl ein Verstorbener psychisch nicht mehr anwesend ist, hilft das Wissen, dass wir alle den Tod überleben und die «verstorbene» Seele bei uns sein kann.

Suizid hat etwas unumstößlich Endgültiges. Der Akt ist nicht umkehrbar. Vor allem das Leben der Hinterbliebenen ändert sich für immer.

Manchmal empfinden Eltern die Gegenwart ihres verstorbenen Kindes, seltener hören sie gar die Stimme. Eine elektrisch geladene dicke Energie füllt den Raum, der Herzschlag erhöht sich.

Oft vergessen die Menschen, dass ihr irdisches Leben nur für kurze Zeit geliehen ist.

Wenn der Kontakt zu Verstorbenen gesucht wird, gibt es dafür zwei Möglichkeiten. Viele haben einen geistigen Führer, ohne es zu wissen: Sie hören plötzlich Stimmen in ihrem Kopf. Andere suchen medial begabte Menschen auf. Was bei jeglichem Kommunikationsversuch am meisten stört, sind zu intensive Gefühle. Sie machen es für Geistwesen sehr schwer, sich bemerkbar zu machen. Wenn Menschen zu sehr in ihren Alltag verstrickt sind oder großen Stress haben, ist es für die geistige Welt sehr schwer, überhaupt die Aufmerksamkeit des Betreffenden zu erreichen.

Im heiklen Kontext von Selbstmord fällt es nicht leicht, geistige Wahrnehmungen als real anzusehen, weil Angst und Schuldgefühle häufig zu extremen Zweifeln führen. Die Nachrichten, die empfangen werden, beinhalten zunächst immer, dass es dem Verstorbenen gut gehe und dass es Zeit brauche, bis eine Kommunikation zustande kommen kann. Hier steht die gesellschaftliche Einstellung zum Suizid oft im Weg (ewige Hölle, Verdammnis, Pein, Verworfenheit ...), die Botschaften auch verstehen und annehmen zu können. Nicht zuletzt verweisen sämtliche Kirchen auf die ewige Verdammnis der Suizidenten. Auch in der spirituellen Literatur sind die Aussagen über ein Weiterleben sehr widersprüchlich. In Dantes «Inferno» z. B. brennen die Selbstmörder in einer ewigen Feuerhölle. Andere behaupten, dass die Abgeschiedenen ihre Lieben aus dem Jenseits leiden sehen, was ihre persönliche Hölle ist. Manchmal ist das Geschilderte so weit gehend, dass behauptet wird, dass Suizidenten in der geistigen Welt keinen Fortschritt erzielen können, bis die vorgesehene Lebensspanne erreicht ist. Noch andere sagen, dass ein Suizident so lange schläft, bis er seine schreckliche Tat begreift und dann wieder geboren wird, um seinen «Fehler» zu bereinigen.

In Wahrheit sind diese der spirituellen Welt zugeschriebenen Anforderungen nichts weiter als moralische Verurteilungen, die den Gehirnen und Gedanken ihrer menschlichen Erfinder entsprechen. Die Wahrheit ist, dass der Übergang, den wir Tod nennen, nicht abhängig ist von der *Todesart*. Ein Selbstmörder wird weder bestraft noch in der Hölle geröstet. Oft sind es die Überlebenden, die einen Suizidenten in ihren Gedanken tausend Male sterben lassen. Das Bild des Gehenkten oder von jemandem, der sich die Pulsadern aufschnitt, das heißt die äußeren Umstände des Todes, werden immer wieder erinnert – und die vermeintliche Schuld!

Selbst wenn es möglich ist, einen Kontakt zum Verstorbenen zu bekommen, bleibt der physische Verlust, der am schwersten zu ertragen ist. Viele Eltern berichten, dass sie Begegnungen hatten, wo sie wildfremde Menschen auf der Straße für ihr totes Kind hielten.

In dem bemerkenswerten Buch von Anne Puryear, «Stephen lives», das in Deutschland leider nie erschienen ist, berichtet Stephen von der anderen Seite: Er versichert, dass er lebt und nicht tot ist. Er fühlt sich viel freier als in seinem Körper. Die geistige Welt ist unser eigentliches Zuhause und der Tod ist kein Ende, sondern nur ein Übergang in die geistige Welt. Wir lassen den Körper zurück und gehen wie durch eine Tür in die andere Welt.

Dann erklärt Stephen, was zu seinem frühen Tod führte und was im Todesaugenblick mit ihm geschah. Das Schwierigste für die Eltern von Kindern, die sich selbst getötet haben, ist, dass sie keine Möglichkeit hatten, sich zu verabschieden. Sie wissen auch nicht, warum ihr Kind dieses tat. Viele Kinder hinterlassen keine Abschiedsbriefe. Und wenn, dann reflektieren diese ihre Wut gegen andere, sind voller Angriffe. Das kann bei den Eltern zu enormen, lange anhaltenden Schuldgefühlen führen, da die Briefe im Moment der größten Angst und Hoffnungslosigkeit geschrieben wurden. Viele Abschiedsbriefe klagen das Versagen der Eltern und Freunde an und sprechen diese schuldig. Stephen teilt seiner Mutter ganz eindeutig mit, dass sie nicht verantwortlich ist für seine Wahl, sein Leben zu beenden.

Es war *seine* Wahl, egal ob «richtig» oder «falsch». Stephen betont, dass es für ihn die falsche Entscheidung war und dass er in der geistigen Welt sehr wohl die Verantwortung dafür tragen muss. Zum Zeitpunkt seines Todes hatte seine Mutter keine Anhaltspunkte, dass ihr Sohn suizidal war. Es gab nicht einmal genug Bücher über Jugendsuizid, die ihr hätten weiterhelfen können.

«Die Entscheidung, mir das Leben zu nehmen, war falsch. Doch aus dieser ‹falschen› Entscheidung heraus bekam ich die Möglichkeit, mit ihr und anderen zu arbeiten. Und wir haben eine Chance, zusammen anderen zu helfen. Du von deiner Seite und ich von meiner. Wir sind nicht weit voneinander entfernt.»

Wir sind die Opfer von Opfern. Die Eltern, die von ihren Eltern missbraucht wurden, laden den Frust auf die nachfolgende Generation ab.

Stephen spricht über den Tag, an dem er sich das Leben nahm, und über die näheren Umstände. Was am Morgen des Tages geschah, trug zu Stephens Entscheidung bei, aber natürlich war es nicht der einzige Faktor. Jeder spielt seine Rolle in seinem Leben und im Tod, aber dennoch bleibt es *seine* Wahl. Das ist die eigene seelische Verantwortung, die wir alle tragen und die vom Alter unabhängig ist, denn auch ein Kind kann eine *alte Seele* sein. Wir gehören einander nicht, wir gehören nur uns selbst als unabhängige Seele.

Und dann berichtet Stephen von den Umständen, die zu seinem Selbstmord führten und wie er den Übergang erlebte.

«Selbstmord ist niemals die korrekte Entscheidung für einen Jugendlichen. Weder für mich noch für irgendein anderes Kind auf dieser Welt. Selbstmord ist verständlich in vielen Fällen, aber er ist nie die richtige Entscheidung.»

Der Tag, an dem Stephen starb, war ein Montag. Nur die Wochenenden hielten ihn am Leben, weil er nicht in die Schule musste. Er hasste seinen dicken Körper und fürchtete die Hänseleien. Hinzu kam an jenem vorangegangenen Sonntag, dass ihm sein Stiefvater eine Standpauke hielt, da er einen Ladendiebstahl begangen hatte. Der Junge fühlte sich zutiefst gedemütigt. Er fühlte sich verstoßen, im Stich gelassen. Er wollte nicht mehr leben. Stephen wusste nichts vom Tod in seiner wahren Bedeutung. Er wusste nicht, dass er irreversibel ist und endgültig:

Er geht in den Wald und schreibt Abschiedsbriefe an jeden seiner Angehörigen und Freunde. Stephen hat ein Seil dabei, das er um einen dicken Ast bindet und die Schlaufe um seinen Hals. Er schreibt und denkt und schreibt sich in einen Zustand der Erhebung: Er fühlt sich befreit, gerät in einen intensiven, falschen Freudentaumel. Das ist die wirkliche Gefahr, sagt er. Wäre jemand da gewesen und hätte mir beigestanden, ich hätte mich nicht getötet.

Er beginnt sich großartig zu fühlen und steigert sich in den Gedanken, anderen nur noch von der anderen Seite her helfen zu wollen. Gleichzeitig fühlt er eine pulsierende Angst in seinem Magen. Sein Mut kämpft mit seiner Angst. Er denkt, dass sein Mut gewinnt, in Wirklichkeit ist es seine Angst. Dann bittet er Gott, ihn zu stoppen, aber ER greift nicht ein. Dann springt er vom Baum – und ist sofort tot!

Er fühlte Schmerz für einen kurzen Moment, aber das dauerte nicht lange.

Er fühlte sich, als sei er in ein tiefes Wasser gesprungen, doch er stellte fest, dass er im Wasser atmen konnte: «Ich wurde aus meinem Körper gespült und ich fühlte ein Wesen, das ich aber nicht sah. Dann sah ich meinen Körper am Baum hängen.

Zunächst konnte ich ihn nicht identifizieren, aber als ich näher kam, erkannte ich mich. Panik überfiel mich. Ich war nicht erfreut, außerhalb des Körpers zu sein, und dachte, dass meine Eltern mich bestrafen müssten. Ich fühlte mich wie ein Kind, das etwas Schlimmes gemacht hat und dabei ertappt wird. Ich erkannte nicht, dass mich niemand bestrafen kann. Mein Herz schlug laut und ich hatte den Eindruck, immer noch einen Körper zu haben. Ich fühlte mich wie immer, außer dass ich den Boden nicht mehr berührte. Ich schwebte oben in der Luft, ohne zu fallen. Als ich mich umsah, erkannte ich meinen Großvater.

Ich sah viele Verwandte, die ich nur von Bildern kannte, und ich sah frühere Bekannte, die ich gekannt hatte, auch viele, die ich nicht kannte, die mir aber vertraut vorkamen. Ich wusste nicht, was ich denken sollte, und war durcheinander. Ich weinte, doch irgendwie fühlte ich mich erregt und glücklich. Doch jedes Mal, wenn ich umarmt und begrüßt wurde und dann meinen Körper am Baum hängen sah, fühlte ich mich schrecklich. Ich wollte ihn nicht sehen. Dann setzte wieder Panik ein und ich schlief ein.

Als ich erwachte, wusste ich nicht, wo ich bin, und eine weiß gekleidete Dame hielt meine Hand. Sie fragte mich, ob ich meine Mutter sehen möchte. Es war die Situation, wo ihr mein Tod mitgeteilt wurde.»

Als Stephen bejaht, befindet er sich in Sekundenbruchteilen im Wohnzimmer der Eltern. Er will sich bemerkbar machen, doch keiner der Anwesenden sieht und hört ihn. Nun begreift er, dass er gestorben ist, und wird mit den Folgen seiner Handlung konfrontiert.

Er fühlt den Schmerz der Mutter in seinem Herzen. Noch nie hatte er einen solchen Schmerz empfunden. Er wünscht sich zu sterben und muss erkennen, dass er nun nicht mehr vor sich selbst davonlaufen kann.

Stephen versucht vergeblich, seine Anwesenheit bemerkbar zu machen. Er stellt fest, dass er nicht nur hört, was gesagt wird, sondern dass er sogar die Gedanken der Anwesenden lesen kann.

Seine geistige Führerin fordert ihn auf, mit ihr zurückzukehren, doch er will nicht. Er möchte seinen Körper sehen und sie befinden sich unmittelbar in der Leichenhalle. Stephen versucht nun verzweifelt, in seinen toten Körper zurückzukehren. Er will eine neue Chance und bereut seine Tat bitterlich. Doch das ist nicht möglich und er weint, bis er bewusstlos wird.

Als er erwacht, befindet er sich wieder in einem Raum, der seinem häuslichen Umfeld gleicht. Er ist desorientiert und verwirrt. Eine sanfte Stimme teilt ihm mit, dass er sich nicht mehr in seinem physischen Körper befindet. Er hat Angst und hält die Situation für einen bösen Albtraum. Die weiß gekleidete Dame erklärt ihm nun, dass er sich an einem wunderschönen Platz befindet, wo sich Diesseits und Jenseits noch berühren, eine Art Anpassungsebene.

Sein Großvater will ihn sehen und auch andere verstorbene Angehörige sind anwesend, um ihn zu beruhigen. Seine Umgebung erscheint ihm wie auf der Erde. Die Menschen leben in Häusern und Landschaften und sehen fast alle jung aus.

Mit Erstaunen entdeckt er, dass er schlank geworden ist. Dennoch wünscht er sich nichts sehnlicher, als auf die Erde zurückzukehren. Er entdeckt, dass er sich in einer Welt der Gedanken befindet und dass er in Gedankenschnelle überall sein kann, wo es ihm beliebt.

Stephen denkt an seinen Bruder Bob – und befindet sich in seinem Zimmer. Aber Bob bemerkt ihn nicht. Dann will er sein Zimmer sehen und bemerkt, dass jemand seine privaten Sachen aus den Schubladen gezogen hatte. Niemand ist zu Hause, als er ein Auto hört. Seine Mutter betritt das Haus mit verschwollenem Gesicht und weint. Sie rennt in Stephens Zimmer und lässt sich auf sein Bett fallen. Sie greift eines seiner T-Shirts, hält sich dieses vors Gesicht und weint bitterlich. Stephen umarmt sie und schreit, dass er nicht tot ist, dass er da ist. Er spürt einen tiefen Schmerz und Frustration. Jeder, der stirbt, geht durch diesen Schmerz.

«Wenn man noch einen Körper hat und etwas tut, was man nicht hätte tun sollen, mag es eine Weile wehtun, aber es wird besser, weil man es ausgleichen kann. Wenn man sich selber tötet, ist das vorbei. Es ist eine endgültige Tat. Alles, was wir auf der Erde geliebt und genossen haben, ist für immer beendet. Egal, wie bitter die Tat bereut wird, du kannst sie nicht rückgängig machen.»

Von der geistigen Welt aus verfolgt Stephen die unterschiedlichen Reaktionen seiner Angehörigen, Freunde und Schulkameraden. Er spürt die Angst und den Abscheu vieler Menschen, während sie von seinem Selbstmord sprechen. Keiner versteht seine Handlung, alle beurteilen, bis auf seine Mutter. Er erkennt, dass keiner ihn überhaupt als den erinnert, der er wirklich war.

Stephens Geschichte erinnert uns daran, dass unser Leben kontinuierlich weitergeht. Wir bleiben die gleichen Menschen, die wir auf Erden waren, nur in einem erweiterten Bewusstseinszustand. Es ist sinnlos, sich das Leben zu nehmen. Wir sollten unser Leben zu schätzen wissen, als die Möglichkeit, die uns hier auf Erden gegeben ist, seelisch und geistig zu wachsen. Selbst in den schwierigsten Lebenssituationen haben wir die Möglichkeit, durch den freien Willen bessere Entscheidungen zu treffen als den Suizid.

Stephens Geschichte zeigt uns auch, dass wenig im Leben

wirklich vorbestimmt ist. Gleichzeitig bringt sie den Hinterbliebenen eines Selbstmörders die Gewissheit, dass die Seelen von Menschen, die sich selbst getötet haben, nicht in der ewigen Hölle schmoren und verdammt sind, wie es die Kirchen über Jahrtausende behaupteten, sondern dass sie weiterleben. Sie entwickeln sich in der geistigen Welt weiter: Sie werden belehrt, sie lernen und es wird ihnen geholfen von liebevollen Geistwesen, die immer in ihrer Nähe sind. Der Tod ist – unabhängig von der Todesart – nur ein Übergang in eine andere Form des Seins.

Schlussbemerkung

Die Auseinandersetzung mit dem Tod und der Sinn des Lebens

Die Gewissheit des Todes scheint für den heutigen Menschen keine praktischen Konsequenzen zu haben: Wir leben häufig nur mit kurzfristigen und kurzsichtigen, vornehmlich materiellen Zielen. Der Tod gilt dabei als die größte aller Prüfungen. Statt sich aber bewusst auf ihn vorzubereiten, ist der Tod für viele Menschen ein Tabu.

Insofern erstaunt es wenig, dass es in unserer Gesellschaft keine ausgeprägte Trauer- und Sterbekultur gibt, geschweige denn tragende spirituelle Beistandssysteme. Solange die Frage nach der Bedeutung des Todes als nebensächlich und unwichtig oder als Bedrohung angesehen wird, kann sich der Mensch nicht wirklich selbst erkennen. Das bezieht sich nicht nur auf das Leben nach dem Tod, sondern ebenfalls auf das Leben in der materiellen Welt.

Der Tod ist aber nicht das Schlimmste, was uns im Leben widerfahren kann. Deshalb ist es wichtig, sich frühzeitig einen Standpunkt zum Tod zu bilden, da dies uns freier und unbeschwerter macht.

Dass es hinter der sichtbaren irdischen Welt höhere Welten gibt, deren Einflüsse uns durchdringen, ist vielen heutigen Menschen nicht zugänglich. Das heutige Wissen über die Vorgänge beim Sterben kann aber ein Fenster sein, durch das wir einen Einblick in die Welt hinter dem Schleier erhalten.

Die Sterbeforschung zeigt, dass Bewusstsein unabhängig von Körper und Gehirn existiert. Die moderne Unwissenheit hat dazu geführt, dass wir häufig nicht einmal mehr wissen, warum wir hier sind. Das Tor zur Selbsterkenntnis kann jeder freilich nur für sich selber öffnen.

Die Forschungsergebnisse der Thanatologie über den Tod

und das Leben danach, Reinkarnation und Karma implizieren vor allem die Verantwortung des Einzelnen für sein Leben, da wir in Wahrheit unsterblich sind. Wir sind nicht unser Körper, sondern haben ihn nur für eine begrenzte Zeit.

Die Wahrnehmung des Menschen bei Todesnäheerlebnissen erfolgt nicht durch die Sinneswahrnehmungen des Körpers, dieser ist zur gleichen Zeit bewusstlos und wahrnehmungsunfähig. Menschen mit Nahtoderfahrung verfügen über einen feinstofflichen Körper, in welchem die Sinneswahrnehmung erheblich intensiver ist. Sie erfahren eine vorher nie gekannte Erweiterung ihres Bewusstseins.

Die geschilderten Erlebnisse beinhalten nicht nur die Wahrnehmung irdischer Dinge, sondern bezeugen das Vorhandensein einer parallelen geistigen Welt. Hellsichtige, Mystiker und Medien haben zu allen Zeiten das Vorhandensein des Jenseits bestätigt. Es kommt zu Begegnungen mit Verstorbenen und verschiedenen feinstofflichen Geistwesen. Viele erblicken herrliche jenseitige Landschaften oder sehen Farben, hören Töne, die es auf der Erde nicht gibt. Die Erfahrung des Lichts wird als Begegnung mit einer nie gekannten Liebe beschrieben, wobei das Leben in seinen positiven und negativen Absichten vor den Betroffenen abläuft. Die Erfahrung der Lebensrückschau bezeugt die Verantwortung des Individuums für sein eigenes Leben.

Das Jenseits, von dem die Menschen mit Nahtoderfahrung erzählen, ist dabei nur eine der verschiedenen Ebenen der geistigen Welt, sozusagen ein noch erdgebundenes Durchgangsland. Was wir dann erleben werden, ist abhängig von der Bewusstseinsausrichtung unseres Lebens. Wir erleben individuelle Bewusstseinszustände, die Himmel oder Hölle sein können. Durch die Resonanz unseres Bewusstseins (Gleiches zieht Gleiches an) wählen wir unsere eigene Realität. Je mehr wir uns im Leben von materiellen Verhaftungen befreit haben, umso feinstofflicher ist die Ebene unseres Aufenthaltes.

Das höchste Ziel aller geistigen Entwicklung, hüben wie drüben, ist die Rückkehr zum Urquell aller Erscheinungen: GOTT. Dieses Eingehen in Gott ist nur als Individualität möglich, nicht aber im Sinne eines Sichverschmelzens mit einer diffusen, identifikationslosen Leere.

Würden wir die Scheu vor dem Unsichtbaren ablegen können, würden ungeheure schöpferische Kräfte freigesetzt. Stattdessen leben wir in der Angst vor allem, was nicht mit den üblichen Sinneswahrnehmungen übereinstimmt. Wer im Leben schon sein Bewusstsein auf Gott auszurichten vermag, durchschaut den Illusionscharakter der materiellen Welt.

Die von so vielen Wissenschaftlern geleugnete Tatsache der Fortexistenz allen Lebens nach dem Tod wird durch alle Zeiten hindurch immer wieder bezeugt. Jeder, der sich vorbehaltlos mit dem vorliegenden Tatsachenmaterial auseinander setzt, ist imstande, die innere Logik des Fortlebens zu erkennen.

Leben und Tod sind also nichts anderes als unterschiedliche Bewusstseinszustände, da Diesseits und Jenseits nicht getrennt sind. In Wirklichkeit haben wir nur *ein Leben*, das sich auf all unsere Inkarnationen erstreckt: Körper, Namen und Identitäten sind also nur verschiedene Erscheinungsformen des Höheren Selbst. Das Ziel unserer verschiedenen Leben ist die Rückkehr zu Gott, was wir durch seelisches und geistiges Wachstum, also Bewusstseinserweiterung, irgendwann erreichen werden.

Die Hauptlektion des Lebens ist es, lieben zu lernen. Die Begegnung mit dem Licht bei spirituellen Erfahrungen, Todesnäheerlebnissen, Rückführungen und Ähnlichem führt in den Kern der Erkenntnis, dass Gott Liebe ist. Wichtig im Augenblick des Todes ist die Ausrichtung des menschlichen Bewusstseins. Wir sind verantwortlich für unsere Gedanken, Worte und Taten und tragen die Konsequenzen als Karma oder Schicksal in das nächste irdische Leben hinein.

Die meisten Lektionen lernen wir durch die Windstürme des

Lebens. Unerledigte Geschäfte lassen uns schon im Leben nicht ganz werden. Es ist wichtig zu wissen, dass wir spätestens im Sterbeprozess mit diesen unerledigten Geschäften konfrontiert sind.

Elisabeth Kübler-Ross antwortete mir auf meine Frage, was sie den Menschen sagen würde, damit sie keine Angst mehr vor dem Tod haben müssen: «Nicht mit Hass im Herzen sterben, sich nicht ein Leben lang zerfressen lassen. Wenn du mit jemandem einen Streit hast, schließe Frieden und vergib ihm sofort. Er mag ein Idiot sein, aber das ist sein Fehler und nicht deiner. Dann brauchst du überhaupt nichts zu fürchten. Wenn du ein ehrliches Leben führst und zwischen Geben und Nehmen ein Ausgleich besteht, gibt es überhaupt kein Problem und Angst vor dem Tod ist überflüssig.»

Wir können der eigenen Innenwelt nicht ausweichen, weder im Leben noch im Tod. Die in diesem Buch geschilderten Jenseitszustände sind Ausdruck unserer eigenen Innenwelt – und daran können wir schon im Leben arbeiten. Die Wahrheiten des Lebens finden wir im eigenen Inneren, nicht aber in äußeren Statussymbolen, materiellem Erfolg oder dem perfekten Job. Gerade diese Dinge lassen uns in den Krisenzeiten des Lebens leer zurück.

Die eigentliche Suche nach dem Sinn des Lebens beginnt für viele Menschen erst in der Dunkelheit tiefster Verzweiflung: wenn sie ihrem Tod ins Auge blicken müssen, durch plötzliche Krankheit, bei Krisen oder durch einen schweren Verlust. Die Sichtweise des Lebens verändert sich und viele erkennen das eigentliche Licht ihres Lebens. Wir leben dann tiefer und voller und erkennen, dass wir nicht perfekt sein müssen, sondern nur wir selbst, um authentisch zu leben.

Wir sind nicht unser Körper, unsere Fehler, unsere Rollen, die wir im Leben spielen. Es gibt tief in unserem Innern einen Teil von uns, der nicht zu definieren ist, der sich nicht verändert, der unzerstörbar ist. Weder Alter noch Krankheit oder Umstände können diesem tieferen Selbst etwas anhaben. Du bist ganz einfach du.

Das ist der authentische und individuelle Kern deiner Seele, der unzerstörbar ist.

Diesseits und Jenseits sind nur unterschiedliche Bewusstseinszustände. Die Rollen und Masken unseres Lebens lassen uns dieses Gewahrsein des inneren Kerns unserer Identität verlieren. Dieser innere Kern ist es aber, der durch alle Leben mit uns hindurchgeht.

Möge die Lektüre dieses Buches Ihnen die Existenz Ihrer ewigen Seele wieder etwas näher bringen!

Anhang

Im Anhang finden Sie
- **Begriffserläuterungen**
- **Anmerkungen**
- **Literatur**
- **Adressen, Telefonnummern**
- **Danksagung**

Begriffserläuterungen

AKE: Außerkörperliche Erfahrung.

Apalliker: Mensch mit Funktionsausfall der Großhirnrinde, keiner sinnvollen Reaktionen mächtig.

Archetypus: Ausdruck von C. G. Jung, wonach bestimmte Urbilder, die sich aus den Erfahrungen unserer Vorfahren herleiten, im kollektiven Unterbewussten jedes Menschen aufbewahrt werden.

Bardo: Buddhistischer Begriff des Tibetischen Totenbuchs, welcher das Leben zwischen Tod und Wiedergeburt meint.

Depression: Psychische Störung mit gedrückter, niedergeschlagener Stimmung; Niedergeschlagenheit, Verzagtheit.

Déjà-vu-Erlebnis: Eindruck, Gegenwärtiges schon einmal erlebt zu haben.

Endorphin: Körpereigene Droge.

Halluzination: Sinnestäuschung.

Holotrope Therapie: Überwachte Atemtechnik in der Psychotherapie, um mit Tiefatmung Lösungen seelischer Blockaden über den Körper zu erreichen.

Hypnose: Durch Suggestion herbeigeführter schlafähnlicher Bewusstseinszustand.

Hypoxie: Sauerstoffmangel.

Interaktion: Wechselbeziehung zwischen Personen und Gruppen.

Intuition: Eingebung, ahnendes Erfassen, unmittelbare Erkenntnis ohne den Umweg über den Verstand.

Koma: Zwischenzustand zwischen Leben und Tod.

Locked-in Syndrome: Unfähigkeit, sich bei erhaltenem Bewusstsein durch Bewegung oder Sprache verständlich zu machen. Nur Augenschluss ist möglich.

Mystik: Bestrebung, sich ganz in die göttliche Liebe zu versenken.

NTE: Nahtoderfahrung.

Objektiv: Real vorhanden, existiert unabhängig von einer Person in der Wirklichkeit.

Paranormale Fähigkeiten: Begriff der Parapsychologie, der sich auf Erscheinungen und Wirkungen bezieht, die den Erwartungen der Physik widersprechen.

Psyche: Geist, Seele, Bewusstsein in der Fachsprache der Psychologie.

Psychedelische Forschung: Form einer durch Halluzinogene (LSD) unterstützten Psychotherapie.

Psychose: Psychiatrischer Begriff für viele Formen psychischen Andersseins; auch Bezeichnung für Seelen-, Geisteskrankheit.

Regression: Hier: Form der Rückführungstherapie in frühere Leben.

Reinkarnation: Wiedergeburt.

REM-Phase (engl. rapid eye movements, rasche Augenbewegungen): Eine Schlafphase, in der geträumt wird.

Subjektivität: Ein an eine Person gebundenes persönliches Erleben, persönliche Auffassung, Eigenart, Einseitigkeit.

Suizid: Selbstmord, Selbsttötung.

Telepathie: Gedankenübertragung.

Thanatologie: Tod- und Sterbeforschung.

Trance: Schlafähnlicher, bewusstseinserweiterter Zustand.

Transzendent: Übersinnlich, übernatürlich.

Transzendenz: Das Überschreiten der Grenzen der Erfahrung, des Bewusstseins.

Anmerkungen

1 Vgl. Kenneth Ring/Sharon Cooper: «*Near-death and out-of-body-experiences in the blind. A study of apparent eyeless vision*». In: «Journal of Near Death Studies» 16 (1997), Nr. 2, S. 101–147.
2 Elisabeth Kübler-Ross: «*Kinder und Tod*». Zürich 1984. Melvin Morse/Paul Perry: «*Zum Licht. Was wir von Kindern lernen können, die dem Tod nahe waren*». München 1999.
3 Kenneth Ring/Evelyn Elsaesser-Valarino: «*Im Angesicht des Lichts. Was wir aus Nah-Tod-Erfahrungen für das Leben gewinnen*». München 1999. Kenneth Ring: «*Den Tod erfahren – das Leben gewinnen*». Bergisch Gladbach 1988. Melvin Morse/Paul Perry: «*Verwandelt vom Licht. Über die transformierende Wirkung von Nahtoderfahrungen.*» München 1994.
4 Angi Fenimore: «*Jenseits der Finsternis*». München 1996. Edith Fiore: «*Besessenheit und Heilung. Die Befreiung der Seele*». Güllesheim 1997. Dr. med. Maurice S. Rawlings: «*Zur Hölle und zurück. Leben nach dem Tod – überraschende neue Beweise*». Hamburg 1996.
5 Richard Fuchs: «*Das Geschäft mit dem Tod. Plädoyer für ein Sterben in Würde*». Düsseldorf 2001, S. 109.
6 Hubert Knoblauch: «*Berichte aus dem Jenseits. Mythos und Realität der Nahtoderfahrung*». Freiburg 1999.
7 Ring/Valarino, S. 247 f.
8 Ebenda.
9 Zitiert nach einem unveröffentlichten Manuskript von dem 20-jährigen Arif Alarslan, Osnabrück 2001.
10 Kenneth Ring: «*Den Tod erfahren – das Leben gewinnen*». Bergisch Gladbach 1988, S. 55.
11 Evelyn Elsaesser-Valarino: «*Erfahrungen an der Schwelle des Todes. Wissenschaftler äußern sich zur Nahtodeserfahrung*». Genf 1995, S. 44.
12 Melvin Morse/Paul Perry: «*Verwandelt vom Licht. Über die transformierende Wirkung von Nahtoderfahrungen*». München 1994, S. 13.
13 Valarino, S. 54.
14 Vgl. Drumm: «*Near-death experiences as therapy*». In: «*Journal of Near-Death Studies*» 11 (3) 1993, S. 189 f.
15 Ring/Valerino, S. 245 ff.

16 Bruce Greyson: «*Near-death experiences precipitated by suicide attempts*». In: «*Journal of Near-Death Studies*» 9 (3) 1991, S. 183–188. John McDonagh: «*Bibliotherapy with suicidal patients*». New York 1979.

17 Richard Fuchs: «*Das Geschäft mit dem Tod. Plädoyer für ein Sterben in Würde*». Düsseldorf 2001, S. 171 ff.

18 «*The New England Journal of Medicine*». Volume 342, 8.

19 Ulrike Baureithel/Anna Bergmann: «*Herzloser Tod. Das Dilemma der Organspende*». Stuttgart 1999, S. 57 f.

20 Ebenda, S. 18.

21 Ebenda, S. 95 f.

22 Ebenda, S. 98.

23 Vgl. dazu «*Ärzte Zeitung*» vom 5. und 6. Juni 1999.

24 «*Der Spiegel*», 7, 1995, S. 165.

25 Baureithel/Bergmann, S. 216.

26 Vgl. dazu: «*Bild der Wissenschaft*», 9/2000, S. 36–42.

27 Vgl. «*Bild der Wissenschaft*», 9/2000.

28 Vgl. dazu die Ausführungen in: Jayne Gackenbach/Jane Bosveld: «*Herrscherin im Reich der Träume. Kreative Problemlösungen durch luzides Träumen*». Braunschweig 1991, S. 261–268.

29 Robert A. Monroe: «*Über die Schwelle des Irdischen hinaus. Die Erfüllung des menschlichen Schicksals im grenzenlosen Universum reinen Bewusstseins*». Bern 1997, S. 18.

30 Gary Doore: «*Gibt es ein Leben nach dem Tod? Neue Antworten auf alte Fragen*». München 1994, S. 19 f.

31 Timothy Freke/Peter Gandy: «*Die Welt der Mystik*». München 2001, S. 34.

32 Zitiert nach einem unveröffentlichten Manuskript von dem 20-jährigen Arif Alarslan, Osnabrück 2001.

33 Helen Greaves: «*Zeugnis des Lichts. Ein Erfahrungsbericht vom Leben nach dem Tod*». Hemsbach 1992, S. 75 f.

34 Ebenda, S. 77 f.

35 Jane Sherwood: «*Das jenseitige Land. Die Brücke zu höheren Welten*». Interlaken 1991, S. 63 f.

36 Ebenda, S. 66.

37 Vgl. Meldung in «*Bild*» vom 5. 3. 2001.

38 Hans Holzer: «*Hinter der Grenze des Todes. Die Gesetze des Jenseits*». München 1979, S. 170.

39 Bill und Judy Guggenheim: «*Trost aus dem Jenseits*». Bern 1999, S. 94.
40 Ebenda, S. 97 f.
41 Ebenda, S. 94.
42 Betty Eadie: «*Licht am Ende des Lebens. Bericht einer außergewöhnlichen Nah-Todeserfahrung*». München 1994, S. 92.
43 Dannion Brinkley/Paul Perry: «*Zurück ins Leben. Die wahre Geschichte des Mannes, der zweimal starb*». München 1994, S. 42 ff.
44 Raymond Moody: «*Nachgedanken über das Leben nach dem Tod*». Reinbek 1978, S. 24.
45 Bernard Jakoby: «*Auch du lebst ewig. Die Ergebnisse der modernen Sterbeforschung*». München 2000, S. 80 und 83.
44 «*Flensburger Hefte*», Nr. 4, 1995, S. 80.
47 Joel L. Whitton/Joe Fischer: «*Das Leben zwischen den Leben*». München 1989, S. 54 f.
48 Stanislav und Christina Grof: «*Jenseits des Todes – An den Toren des Bewusstseins*». München 1984, S. 24.
49 Johannes 14, Vers 2–4.
50 «*Zwischen Tod und Wiedergeburt*». Texte Rudolf Steiners. Eingeleitet und ausgewählt von Ernst Schuberth. Frankfurt a. M. 1988, S. 87 ff.
51 Ebenda, S. 72.
52 Vgl. Paramhansa Yogananda: «*Autobiographie*». München 1996, S. 465 ff.
53 Ian Currie: «*Niemand stirbt für alle Zeit*». München 1979, S. 349.
54 Ebenda, S. 351.
55 Vgl. Stanislav Grof: «*Topographie des Unbewussten. LSD im Dienst der tiefenpsychologischen Forschung*». Stuttgart 1978.
56 Michael Newton: «*Die Reisen der Seele. Karmische Fallstudien*». Wettswil, 4. Auflage 1999, S. 12.
57 Zitiert nach Joel L. Whitton/Joe Fischer: «*Das Leben zwischen den Leben*». München 1986, S. 30.
58 Newton, S. 15.
59 Vgl. Whitton, S. 51.
60 Newton, S. 25 f.
61 Vgl. Paul Brunton: «*Karma – Kette von Ursache und Wirkung*». Freiburg, 3. Auflage 1990, S. 57–96.

62 Vgl. Paul Meek: «*Der Himmel ist nur einen Schritt entfernt*». München 2000, S. 190 ff.
63 Whitton, S. 75.
64 Newton, S. 177 ff.
65 Ebenda, S. 225.
66 Ebenda, S. 226.
67 Jane Roberts: «*Individuum und Menschenschicksal: Der Mensch als Urheber allen Umweltgeschehens*». Genf 1988, S. 34 f.
68 Ebenda, S. 35.
69 Edith Fiore: «*Besessenheit und Heilung. Die Befreiung der Seele*». Güllesheim 1997, S. 48.
70 George Ritchie/Elisabeth Sherrill: «*Rückkehr von morgen*». Marburg 1980, S. 45.
71 Fiore, S. 47.
72 Ritchie/Sherrill, S. 52.
73 Mary T. Browne: «*Jenseits der Schwelle. Erfahrungen einer Hellsichtigen mit Karma, Tod und dem Leben danach*». Knaur TB 1995, S. 144 ff.
74 Jean Ritchie: «*Blicke ins Jenseits. Berichte von der Schwelle zum Tod*». Bergisch Gladbach 1997, S. 301.
75 Ebenda, S. 303.
76 Elisabeth Kübler-Ross: «*Über den Tod und das Leben danach*». Neuwied, 18. Auflage 1996, S. 28.
77 Rosemary Althea: «*Sag ihnen, daß ich lebe*». München 1995, S. 156.
78 Hildegard Schäfer: «*Dialog mit Claudius. Impulse aus der anderen Welt*». Ergolding 1992, S. 234 f.
79 Hildegard Schäfer: «*Dialog mit Claudius. Impulse aus der anderen Welt*». Ergolding 1992, S. 237 f.
80 Ebenda, S. 237 f.
81 Ebenda, S. 238 f.
82 Joel Rothschild: «*Signale. Eine inspirierende Geschichte über das Leben nach dem Leben*». München 2000, S. 59 f.
83 Stanislav Grof: «*Geburt, Tod und Transzendenz*». Reinbek 1991, S. 257 f.

Literatur

«Jenseits»

Althea, Rosemary: *«Sag ihnen, daß ich lebe»*. Goldmann 1995

Bäzner, Ehrhard: *«Wo sind unsere Toten? Sehen wir sie wieder? Eine Abhandlung über Tod und Wiederverkörperung»*. Drei Eichen 1966

Borgia, Anthony: *«Das Leben in der unsichtbaren Welt»*. Silberschnur 1986

Braun, Hans-Jürg: *«Das Jenseits. Die Vorstellung der Menschheit über das Leben nach dem Tod»*. Artemis und Winkler 1996

Couliano, I. P.: *«Jenseits dieser Welt: außerweltliche Reisen von Gilgamesch bis Albert Einstein»*. Diederichs 1995

de Forêt, Pierre: *«Im Herzen der Wirklichkeit. Über Seelengeheimnisse und psychische Welten»*. Silberschnur 1998

Desmond, Shaw: *«Wie Du lebst, wenn Du gestorben bist»*. Bauer 1960

–: *«Du kannst mit Deinen Toten sprechen»*. Bauer 1958

Ford, Arthur: *«Bericht vom Leben nach dem Tode»*. Scherz 1973

Greaves, Helen: *«Zeugnis des Lichts. Ein Erfahrungsbericht vom Leben nach dem Tod»*. 1992

Holzer, Hans: *«Hinter der Grenze des Todes. Die Gesetze des Jenseits»*. Goldmann TB 1979

Ingrisch, Lotte: *«Unsterblichkeit. Protokolle aus dem Jenseits. Eine Dokumentation der Hoffnung»*. Langen Müller 2000

Lees, Robert James: *«Reise in die Unsterblichkeit»*. Band 1: «Das Leben jenseits der Nebelwand». Drei Eichen 1977

–: Band 2: *«1. Das elysische Leben, 2. Vor dem Himmelstor»*. 1977

Meek, Paul: *«Der Himmel ist nur einen Schritt entfernt. Mein Weg zum Medium»*. Verlag Thanner 2000

Sherwood, Jane: *«Das jenseitige Land. Die Brücke zu höheren Welten»*. Ansata 1991

–: *«T. E. Lawrence Tagebuch von drüben. Erkenntnis, Läuterung und Entwicklung nach dem Tode»*. Ansata 1989

Snell, Joé: *«Der Dienst der Engel. Erlebnisse einer Krankenschwester»*. Turm, 6. Auflage 1989

–: *«Das Tibetische Totenbuch»*. Walter 1991

van Praagh, James: *«Und der Himmel tat sich auf. Jenseitsbotschaften über die geistige Welt und das Leben nach dem Tode»*. Goldmann 1998

«Nahtoderfahrung»

Brinkley, Dannion/Perry, Paul: *«Zurück ins Leben. Die wahre Geschichte des Mannes, der zweimal starb»*. Knaur TB 1994
Currie, Ian: *«Niemand stirbt für alle Zeit. Berichte aus dem Reich jenseits des Todes»*. Orbis 2000
Eadie, Betty J.: *«Licht am Ende des Lebens. Bericht einer außergewöhnlichen Nah-Todeserfahrung»*. Knaur TB 1994
Elsaesser-Valarino, Evelyn: *«Erfahrungen an der Schwelle des Todes. Wissenschaftler äußern sich zur Nahtodeserfahrung»*. Ariston 1995
Fenimore, Angi: *«Jenseits der Finsternis. Eine Nahtoderfahrung, die in die Schattenwelt führte»*. Knaur TB 1996
Fiore, Edith: *«Besessenheit und Heilung. Die Befreiung der Seele»*. Silberschnur 1997
Grof, Stanislav/Halifax, Joan: *«Die Begegnung mit dem Tod»*. Klett-Cotta 1994
Grof, Stanislav und Christina: *«Jenseits des Todes. An den Toren des Bewußtseins»*. Kösel 1984
Guggenheim, Bill und Judy: *«Trost aus dem Jenseits. Unerwartete Begegnungen mit Verstorbenen»*. Scherz 1997
Knoblauch, Hubert: *«Berichte aus dem Jenseits. Mythos und Realität der Nahtod-Erfahrung»*. Herder 1999
Kübler-Ross, Elisabeth: *«Interviews mit Sterbenden»*. Gütersloher Verlagshaus 1984
–: *«Kinder und Tod»*. Kreuz 1989
–: *«Über den Tod und das Leben danach»*. Silberschnur 1994
–: *«Das Rad des Lebens. Autobiographie»*. Delphi 1997
–: *«Sehnsucht nach Hause»*. Silberschnur 1997
–: *«Warum wir hier sind»*. Silberschnur 1999
Jakoby, Bernard: *«Auch du lebst ewig. Die Ergebnisse der modernen Sterbeforschung»*. Langen Müller 2000 (auch als rororo 61597)
Lorimer, David: *«Die Ethik der Nah-Todeserfahrungen»*. Insel 1993
Moody, Raymond: *«Leben nach dem Tod»*. Rowohlt 1977

–: *«Das Licht von drüben»*. Rowohlt 1989
Morse, Melvin/Perry, Paul: *«Zum Licht. Was wir von Kindern lernen können, die dem Tode nahe waren»*. Knaur 1994
–: *«Verwandelt vom Licht. Über die transformierende Wirkung von Nah-Todeserfahrungen»*. Knaur 1994
Osis/Haraldson: *«Der Tod ein neuer Anfang. (Jenseitsvisionen.)»* esotera TB.
Ring, Kenneth: *«Den Tod erfahren, das Leben gewinnen»*. Bastei-Lübbe 1988
Ring, Kenneth/Elsaesser-Valarino, Evelyn: *«Im Angesicht des Lichts. Was wir aus Nah-Tod-Erfahrungen für das Leben gewinnen»*. Ariston 1999
Ritchie, Jean: *«Blicke ins Jenseits. Berichte von der Schwelle zum Tod»*. Bastei-Lübbe 1997
Sabom, Michael: *«Erinnerung an den Tod»*. Goldmann 1984
Sutherland, Cherie: *«Tröstliche Begegnung mit verstorbenen Kindern»*. Scherz 1998

«Reinkarnation»

Bowman, Carol: *«Ich war einmal ... Kinder erinnern sich an frühere Leben»*. Heyne TB 2000
Brunton, Paul: *«Karma – Kette von Ursache und Wirkung»*. esotera TB 1990
Cockell, Jenny: *«Unsterbliche Erinnerung»*. Bastei-Lübbe TB, 4. Auflage 1999
Gosztonyi, Alexander: *«Die Welt der Reinkarnationslehre»*. Windpferd 1999
Hausdorf, Hartwig: *«Rückkehr aus dem Jenseits. Das geheimnisvolle Phänomen der Wiedergeburt»*. Knaur 1997
Michel, Peter: *«Karma und Gnade. Die Synthese von christlicher Mystik und östlicher Weisheit»*. Goldmann 1998
Moody, Raymond A.: *«Leben vor dem Leben»*. Rowohlt 1990
Stevenson, Ian: *«Reinkarnationsbeweise»*. Aquamarin 1999
Newton, Michael: *«Die Reisen der Seele»*. Edition Astrodata 1999
Schuberth, Ernst: *«Zwischen Tod und Wiedergeburt»*. Fischer TB 1988
Steiner, Rudolf: *«Wiederverkörperung und Karma und ihre Bedeutung für die Kultur der Gegenwart»*. Goldmann TB 1993

Wambach, Helen: *«Seelenwanderung»*. Goldmann 1984
–: «Leben vor dem Leben». Heyne 1980
Weiss, Brian L.: *«Heilung durch Reinkarnationstherapie. Ganzwerdung über die Erfahrung früherer Leben»*. Knaur 1995
–: *«Die zahlreichen Leben der Seele. Die Chronik einer ungewöhnlichen Rückführungstherapie»*. Goldmann 1994
–: *«Die Liebe kennt keine Zeit. Eine wahre Geschichte»*. Econ 1999
Whitton, Joel L./Fisher, Joe: *«Das Leben zwischen den Leben»*. Goldmann 1989
Woitinas, Siegfried: *«Von Leben zu Leben»*. Urachaus 1997
Zürrer, Ronald: *«Reinkarnation. Die umfassende Wissenschaft der Seelenwanderung»*. Sentient Press, Neuauflage 2001

«Suizid»

Alvarez, Alfred: *«Der grausame Gott»*. Hoffmann und Campe 1999
Böhle, Solveig: *«Damit die Trauer Worte findet. Gespräche mit Zurückgebliebenen nach einem Suizid»*. Scherz 1999
Bronisch, Thomas: *«Der Suizid. Ursachen, Warnsignale, Prävention»*. Beck'sche Reihe 1996
Crepet, Paolo: *«Das tödliche Gefühl der Leere. Suizid bei Jugendlichen»*. Rowohlt TB 1996
Paul, Chris: *«Warum hast Du uns das angetan? Ein Begleitbuch für Trauernde, wenn sich jemand das Leben genommen hat»*. GTB 1998
Puryear, Anne: *«Stephen lives! My son Stephen: his life, suicide, and afterlife»*. Pocketbooks 1997
Redfield Jamison, Kay: *«Wenn es dunkel wird. Zum Verständnis des Selbstmords»*. Siedler 2000
Ringel, Erwin: *«Das Leben wegwerfen. Reflexionen über Selbstmord»*. Herder 1986
Rothschild, Joel: *«Signale. Eine inspirierende Geschichte über das Leben nach dem Tod»*. Goldmann TB 2000

«Sonstige Literatur»

Baureithel, Ulrike/Bergmann, Anna: *«Herzloser Tod. Das Dilemma der Organspende»*. Klett-Cotta 1999

Claire, Sylvia: «*Herzensfremd*». Bastei-Lübbe TB 1999

Fuchs, Richard: «*Das Geschäft mit dem Tod. Plädoyer für ein Sterben in Würde*». Patmos 2001

–: «*Tod bei Bedarf. Das Mordsgeschäft mit Organtransplantation*». Ullstein 1996

Gackenbach, Jane/Bosveld, Jane: «*Herrscher im Reich der Träume. Kreative Problemlösungen durch luzides Träumen*». Aurum 1991

Jung, C. G.: «*Erinnerungen, Träume, Gedanken*». Rascha 1962

Mindell, Arnold: «*Schlüssel zum Erwachen. Sterbeerlebnisse und Beistand im Koma*». Walter 1989

Risi, Armin: «*Der multidimensionale Kosmos*». Band 2: «Unsichtbare Welten. Astrale und außerirdische Wesen im Hintergrund des Weltgeschehens.» Govinda 1998

Roberts, Jane: «*Gespräche mit Seth. Von der ewigen Gültigkeit der Seele*». Goldmann TB 1988

–: «*Individuum und Massenschicksal. Der Mensch als Urheber allen Umweltgeschehens*». Ariston 1988

Schäfer, Hildegard: «*Dialog mit Claudius. Impulse aus einer anderen Welt*». Band 1, Drei Eichen 1992

vom Scheidt, Jürgen: «*Das große Buch der Träume*». Heyne TB 1985

von Franz, Marie-Louise: «*Traum und Tod. Was uns die Träume Sterbender sagen*». Krummerwisch TB 2001

Wellendorf, Elisabeth: «*Mit dem Herzen eines anderen leben. Die seelischen Folgen der Organtransplantation*». Kreuz 1998

Yogananda, Paramhansa: «*Autobiographie eines Yogi*». Knaur TB 1996

Adressen, Telefonnummern

Die *International Association for Near-Death Studies* (IANDS) ist die weltweit wichtigste Organisation zur Verbreitung und Förderung der Nahtodforschung, der jeder beitreten kann. Die IANDS publiziert die vierteljährlich erscheinende Zeitschrift «The Journal of Near-Death Studies» und «Vital Signs».

IANDS, P. O. Box 502, East Windsor Hill, CT 06028-0502, USA
Tel. (860) 5 28 51 44, Fax (860) 5 28 91 69
Homepage http://www.iands.org

Bei diesen Hospiz-Dachverbänden erhalten Sie Adressen in Ihrem Regionalbereich:

Bundesarbeitsgemeinschaft Hospiz,
Renkerstraße 45,
52355 Düren,
Tel. 0 24 21 / 59 94 72

Deutsche Hospiz Stiftung,
Hohle Eiche 29,
44229 Dortmund,
Tel. 02 31 / 7 38 07 30

Einen kostenlosen Hospizführer aller Hospize in Deutschland kann man bei *Mundipharma* bestellen:
Info-Tel. 08 00 / 85 51 11

Der Autor dieses Buches, Bernard Jakoby, ist auch unter seiner Website www.sterbeforschung.de zu erreichen.

Ein Hinweis in eigener Sache:
Eine Hörbuch-CD «Auch du lebst ewig, eine Phantasiereise in die Ewigkeit», gesprochen und geschrieben von Bernard Jakoby, ist erhältlich.

Danksagung

Ich danke meinem Lektor Hermann Hemminger für die intensive Zusammenarbeit und Cleo Weiler von meinem Verlag für die tatkräftige Unterstützung;

meinem Freund Alexander Rolfes für die vielen Gespräche und für die Unterstützung bei der Aufnahme der CD, die er mit dem Einsatz seiner Stimme besonders bereicherte;

meiner Mutter, die nun schon seit über zehn Jahren in der geistigen Welt ist, für die Erfahrung der bedingungslosen Liebe, von der im Buch so oft die Rede ist;

und Elke Röder für die vortreffliche Organisation meiner Vorträge und Seminare. Besonderen Dank an Elke dafür, so vielen Hilfesuchenden im Gespräch direkt geholfen zu haben.

Ganz besonders danke ich den vielen Teilnehmern meiner Veranstaltungen, die mir ihr Vertrauen schenkten und mich an ihren Erfahrungen haben teilnehmen lassen.

Bernard Jakoby